团队学习法

解密中化、中粮、华润管理之道

王 昆◎等著

TEAM LEARNING

THE WAY WE WORK

图书在版编目（CIP）数据

团队学习法：解密中化、中粮、华润管理之道 / 王昆等著 . 一北京：机械工业出版社，2020.1（2024.5 重印）

ISBN 978-7-111-64171-1

I. 团… II. 王… III. 企业管理–组织管理学 IV. F272.9

中国版本图书馆 CIP 数据核字（2019）第 254147 号

团队学习起源于行动学习，逐渐演变为一种人才发展与组织发展方法。本书详细介绍了在企业经营管理的主要场景使用团队学习法解决问题的原理、方法和案例，让读者方便掌握，并可在本单位学以致用，加以推广。

团队学习法：解密中化、中粮、华润管理之道

出版发行：机械工业出版社（北京市西城区百万庄大街 22 号　邮政编码：100037）	
责任编辑：刘新艳	责任校对：李秋荣
印　　刷：北京建宏印刷有限公司	版　　次：2024 年 5 月第 1 版第 7 次印刷
开　　本：170mm×230mm　1/16	印　　张：17.5
书　　号：ISBN 978-7-111-64171-1	定　　价：79.00 元

客服电话：（010）88361066　68326294

版权所有 • 侵权必究
封底无防伪标均为盗版

宁高宁谈团队学习

团队学习中,解决问题的方法不是先入为主,更不是某个人写稿、某个人念一遍。这个方法的基本特点是,所有智慧都在大家中间,对公司没有人比在座的人更了解,任何咨询公司和专家都不会比我们更清楚,我们内心其实知道该怎么做,但需要通过一定的方法,组织、激发和升华出来。通过会议上每个人的参与,最终团队会形成一个结果,并带来文化理念、经营理念、经营方法、经营标准的变化。

希望团队学习法能够在会议中逐步应用,并成为我们未来工作和学习的思维方式、团队建立方式、文化建立方式。它特别适合我们这样的综合性企业,也特别适合国有企业。

——《以世界一流企业标准,建立中化全新坐标系》,2019 年 4 月
(宁高宁董事长在高层战略研讨会上的导入讲话)

团队学习,是一种思想方法和工作方法。用团队发展的、组织发展的方法来启发大家,会发现原来组织里的每一个人都希望他的追求、发表的意见得到大家的尊重;每一个人都希望他的工作得到认可,拥有自由决策的权利。

而所谓的领导力就是指你和团队一起互动的关系是什么样子的。

每个人的自我认识，包括团队对你的认识，都会给公司带来一些新的影响。希望通过团队学习，能够对我们自己的能力、做法、团队、公司形成一个系统的文化。最终的目的，还是调动所有团队成员的积极性，发挥每一个团队成员的主观能动性，使我们的组织更和谐、目标更一致、效率更高。

——《团队，领导力》，2017年3月

（宁高宁董事长在中化集团高层领导力培训研讨会上的讲话）

《原则》一书讲了很多团队如何管理的问题。我原以为做证券业务的公司可能不需要团队，得靠个人单打独斗，但这本书改变了我的想法。书里讲到所谓"创意择优"，就是通过头脑风暴产生择优方案，这和团队学习道理是一样的。像这样的事就是管理学院可以做的事。

——《建设具有创新理论和创新实践特色的学院》，2018年3月

（宁高宁董事长在听取管理学院2018年工作计划汇报后的重要讲话）

关于个人学习和组织学习的关系问题，我觉得二者好像不太容易分开。用组织的塑造性塑造组织中的每一个个体，让每一个个体在组织里边有更好的发展，这就是所谓的培训，或者说团队学习。学习型组织讲的就是这么一个理念。

——《书院不豪华，但非常实用》，2008年6月

（忠良书院根据宁高宁董事长多次讲话录音整理）

中粮集团应该一级一级培养团队成员加深对团队的理解、对自身特质的认识、对领导力的控制和对系统的把握能力。这样团队才能不断完善，逐步建立团队学习的氛围。

——《培养领导力，引领集团转变》，2006年7月

（宁高宁董事长在领导力/团队建设培训班上的讲话）

我们讲过团队学习、行动学习、组织学习、学习型组织、学习型政党、学习型城市、学习型国家；同时还有标杆学习、案例学习、系统学习等，一直都在强调学习问题，实际上这是一种从灌输性学习逐步走向相对主动学习的过程，但是想学习了还不够，还要有学习方法。

——《在实践中学习和印证》，2010年10月
（宁高宁董事长在晨光计划第一期赴日研修班行前动员会上的讲话）

团队学习是最基本的团队培养方法。希望大家在强调内部研讨的同时，也注重调研中的理论性和专业性。希望通过团队学习能有新的商业模式出来，就是必须比原来公司做的东西要深入、要有系统、要能执行、要形成一个真正的solution（方案）。在这个过程中，只有接受了专家意见，分析了问题，研究了怎么执行，才能真正提高。

——《均好、创新、专业》，2013年3月
（宁高宁董事长在晨光计划第二期团队学习阶段性汇报会上的讲话）

没有竞争战略就不可能进入一个真正的常规性的竞争。我们最终面对的是市场的竞争、客户的竞争，是常规式的竞争。谁能更快地进步、更快地掌握战略、更快地掌握平衡计分卡这些战略执行工具，更快地通过行动学习、群策群力等方法建立学习型组织，谁就掌握了战略的先机，就可能率先完成从外延式增长到内涵式增长的转变。

——《深入研究集团、利润中心、服务中心的战略》，2004年6月
（宁高宁总经理在华润集团第六期高层培训上的讲话）

推荐序一

20世纪90年代行动学习法由中共中央组织部培训中心（现更名为全国组织干部学院）引入中国，最初主要在党政机关和企业培训中应用，华润集团是早期使用的企业之一，后来行动学习法推广到国家行政学院等院校。2013年，中国大连高级经理学院开始尝试引入行动学习法，我们开发了战略与商业模式设计工作坊、创新与转型工作坊等基于行动学习法的专门培训项目，通过创新培训方式方法，努力使学员由被动学习转变为主动学习，优化学习体验，增强学习效果，学员的参与感和获得感明显增加。

我最早了解到团队学习法是在忠良书院，时任中粮集团董事长宁高宁倡导"百战归来再读书"，组织了一系列学习研讨活动，将从实践中获得的经验教训及时总结提炼，并应用到战略制定、团队建设和品牌建设等实际工作场景之中，使组织能力得到很大提升，参加研讨的人员普遍反映，团队学习最有收获。我进一步了解到，团队学习法基于行动学习法，但又有所不同、有所创新发展，主要体现在，团队学习法是实际工作团队解决实际工作问题，真刀真枪，它不仅是一种培训方式方法，更是推动组织发展的一种强有力的工具。

近年来，团队学习法在中化集团进一步发扬光大、开花结果，一个显著特征就是极大地拓展了团队学习在解决企业实际问题上的应用场景，已经成为中化集团的一种工作方式。中化创新管理学院还将团队学习法介绍给中国企业高管培训联盟的成员单位，举办了催化师认证培训。现在，越来越多的中央企业开始学习应用团队学习这种创新方法，这个方法本身也在不断焕发新的生命力。

教育培训工作千头万绪，最重要的是需求调研、教学内容设计和教学方式方法开发这三件事情。"工欲善其事，必先利其器。"教育培训的效果，在很大程度上取决于方式方法的有效性。诚挚希望本书的出版能够使更多的中国企业了解掌握和借鉴应用这种有效的教育培训与组织发展的新方式、新方法，激活个体和组织，让企业持续保持不断学习和反思的习惯，建设学习型组织，助推各项改革创新和事业发展，培育具有全球竞争力的世界一流企业。

董大海
中国大连高级经理学院常务副院长，教授

推荐序二

团队学习法驱动 HR 战略转型与组织发展

  作为一位在人力资源领域深耕了 20 多年的管理实践者，我既在大型跨国公司工作过，也在大型国内企业工作过。这些企业所在的国家不同、行业不同、规模不同、体制和管理文化也不同，让我亲身经历并见证了过去 20 多年 HR 管理理论和实践的变迁。特别是在我全面负责企业经营管理后，我开始从更高的层面，站在组织全局的高度，重新审视企业 HR 工作的价值，使我有了一些全新的认识和思考。

  CEO 们最关心的是组织绩效的提高，包括"为何做"，即愿景；"做什么"，即业务战略；"谁去做"，即人才战略；"做没做"，即执行与结果。人力资源负责人应思考的是 CEO 视角下人才和组织的问题，围绕人才和组织问题进行一系列规定动作，因而其视角、价值以及职责范围都要远大于 OD、ED。现实中，大部分企业的 HR 没能站在更高层面对组织的深层次问题进行系统分析和研究，常常陷入各种事务工作中，HR 的战略职责未能有效发挥，本应有的对组织和员工的战略价值被忽略了。

  关于 HR 如何实现战略转型，我在《哈佛商业评论》(中文版) 2017 年 10

月刊上发表的"HR战略转型新路径：iPODAR"一文中，已明确提出：战略HR管理需要以执行性/运营性工作（implementation）为基础，关注关键人才决策（people）和打造组织环境（organization）。在工作方法上，通过系统调研，进行清晰区分（differentiation），采取坚决、快速的行动（action），最终达成组织公认的、具有战略影响意义的结果（result），即iPODAR路径。

王昆等作者根据华润集团、中粮集团和中化集团的实践，总结提炼的团队学习研讨案例告诉读者人力资源可以在战略推动及组织发展方面起到重要作用，作为最高管理者的助手如何推动战略落地及营造全新的企业文化环境。

管理的最高境界是激活组织及其中的个体。宁高宁对人才和文化的重视在中国企业界是比较突出的，通过本书可以了解他过去30多年在这些方面的探索和成果。我过去一直讲在人力资源领域应该记住三个人：戴维•尤里奇、拉姆•查兰和杰克•韦尔奇，他们对人力资源的贡献和建树是有目共睹的。面对"百年未有之大变局"，在中国文化传统中逐步成长起来的中国企业也将形成有鲜明特点的人力资源管理理论和实践。

"团队学习法"在内敛的东方文化环境下，将西方的行动学习结合本土企业经营管理实践做了探索和创新，形成了一套方法论和工具，从这些年在中国企业的应用来看，也呈现出快速增长的势头。究其根源，是因为组织要想应对快速变化的环境，必须要有一套与之相适应的方法工具。数字经济改变了传统的个体学习及组织学习的方式，但个体与组织是否同频、能否共振是我们这个时代组织面临的挑战。管理的核心还是人，而由人组成的组织又是最复杂的系统。统一认识和统一愿景对现代敏捷组织构成的平台甚至生态型组织尤为重要，团队学习法弥补了人机互动之外的团队内人际有效互动间隙，营造健康的组织环境，未来将是组织管理和发展不可或缺的一部分内容。

谢克海

北京大学光华管理学院管理实践教授

前　言

21世纪的组织面临着剧烈的环境变化。全球经济的动荡，各区域、各国家间管制的取消和新贸易摩擦的出现，移动互联网、大数据、人工智能等技术的快速演进，社会圈层的兴起，这一切都意味着当前组织面临着高度的复杂性和巨大的挑战。当然，机遇与威胁并存。

根据贝托尔特·迈耶和沃尔夫冈·肖勒（Bertolt Meyer 和 Wolfgang Scholl，2009）的研究，到2014年，组织所面临的关键问题的复杂程度远远超过了过去的5～10年。问题之所以具有如此复杂的特征，主要在于环境变得更加复杂、不透明、互联、动态和多目标。正如美军发明的术语乌卡（VUCA，易变：volatility；难以预测：uncertainty；复杂：complexity；模糊：ambiguity）所示，我们当前正处于乌卡时代。

世人皆知未来无法预测

当组织无法提前预测未来并做好准备时，我们该何去何从呢？英国学者雷格·瑞文斯（Reg Revans）给出了一个建议：L>C（L为组织学习的速度，

C为环境变化的速度）。瑞文斯认为，所有组织，只有自身学习的速度快于环境变化的速度，才能够实现持续生存。因此，面临变化时我们所能做的只有快速学习并主动迎接变化。

尽管所有组织都面临着同样的环境变化，都需要快速学习并主动迎接变化，但是对于拥有数百家分公司或子公司和数万甚至数十万员工、业务遍布全国甚至全球的巨型组织，要实现这一点，远比新创组织和小型组织困难得多，繁杂的业务、复杂的组织架构、冗长的流程以及长期固化的组织文化，都会减慢组织学习和应对变化的速度。

三家《财富》世界500强企业，中化集团、中粮集团和华润集团，在不同时间点所实施的一项举措，帮助它们有效地应对了外部变化，提升了组织的竞争优势和业绩增长速度，这一举措就是"团队学习"。没有"团队学习"，这三家企业可能达不到今天的市场地位，或者会延缓发展的速度。如今，团队学习已经成为三家企业组织DNA的一部分。

团队学习的萌芽

尽管彼得·圣吉早在《第五项修炼：学习型组织的艺术与实务》出版时就提出了团队学习，但是本书中所提及的作为一种人才发展与组织发展方法的团队学习，则始于华润集团引入行动学习。2001年华润集团启动转型引擎，目标是实现集团多元化、利润中心专业化。这一年也是"再造华润"的启动年，当时的华润集团并没有今天的市场地位和成熟自信，整个集团面临着众多挑战和困难，主要体现在以下几个方面。

业务挑战：资本运作和收购背后积累了各种业务挑战与难题。

文化融入：一大批新加入华润集团的经理人需要快速融入华润集团的文化。

团队融合：因并购而来的经理人与华润集团的经理人在工作理念和方法等方面存在较大差异，实现团队协同难度较大。

人才培养：大举进入全新领域和行业需要培养一批有跨行业视野的经理人……

如何找到一种快速有效的方式，既能够应对战略和业务挑战，同时还能够加速经理人成长，以及管理和文化融合？华润集团没有寄托于国际知名咨询机构，也没有寻求商学院教授的课堂，而是在中组部（中共中央组织部）培训中心的支持指导下，借鉴行动学习的模式，以真实的工作团队为主，围绕真实的发展问题，从组建团队、导入集体学习方法工具入手，边干边学，互相支持、互相质疑挑战，逐步梳理集团和利润中心的使命、愿景及定位，形成战略管理体系。

历经六次"高层培训"，华润集团最终明确了"再造华润"的战略，并推进了战略执行及战略目标的达成，完善了发展主营业务、收缩非核心业务的思路，提升了行业竞争力，形成了多元化企业战略管控体系，经理人驾驭复杂业务的能力得到显著提升。这次实践也验证了行动学习在中国企业的有效性，也是行动学习理论下的一种模式——团队学习的初步展现。

时任华润集团总经理的宁高宁亲身体验并深度参与了全部"高层培训"，他对以真实团队为主破解复杂难题、集体研究解决问题并付诸行动，同时从中学习这一方法印象深刻，一次研讨有多项产出，是任何其他培训方式所无法比拟的。这既是一种学习方式，又是一种工作方式，更是一种团队建设和组织发展的方式。

团队学习的演进

随着2004年年底宁高宁调任中粮集团董事长，这一工作方法也随之进入了中粮集团。宁高宁刚到中粮集团时，中粮集团是一家立足于传统农业且带有政策性色彩的粮油贸易公司，旗下拥有50多个分散的业务单元。如何推动中粮集团进行产业重塑和组织变革，是一个高度复杂的难题。

这个时候，中粮集团选择了华润集团六期"高层培训"探索实践出的模式，邀请华润集团培训中心的老师到中粮集团分享相关的方法和流程，之后中粮集团团队开启了新的"高层培训"。中粮集团内部在引入华润集团实践的同时，也开启了优化的工作，形成了"团队学习"的概念和方法工具指引，并以忠良书院为基地，在内部从集团到各业务逐步推广。这期间的团队学习对中粮集团"全产业链战略"的形成、深化、达成共识起到了显著的作用，各级管理者也开始认同这一方式的效果，纷纷在各自所属团队推行。中粮集团的实践表明了团队学习的有效性。

团队学习的系统化

2016年1月，宁高宁调任中化集团董事长，"团队学习"方法又在中化集团得到了推广应用。中化集团的业务覆盖能源、化工、农业投入品、金融、地产等众多领域，同样高度复杂。中化集团曾经是一家外贸型公司，失去了外贸专营权后，开始直接面向市场进行转型，通过十几年的努力，逐步从进出口企业转变成实业企业，在五个领域有实业投资。实业做大了，规模上来了，但是整个中化集团还没有像跨国公司那样形成核心竞争力与全球竞争优势。中化集团走向实业，向上游和下游延伸的过程中各个领域的发展都面临新的战略转型和挑战。为此，中化集团开启了团队学习，继续应用这一利器破解发展难题，从高层战略研讨会、高层领导力研讨会、总部团队建设研讨会到科学至上研讨会、对标管理高层研讨会。中化集团在借鉴和发展团队学习法的同时，为了保持操作的一致性和规范性，在内部把团队学习的流程步骤进行固化并编制了《团队学习手册》。

随着三家《财富》世界500强公司的应用和不断完善丰富，团队学习法已经从行动学习的原理逐步进化为一种实用的、可操作的适用于大型组织的组织发展方法。本书由华润集团、中粮集团和中化集团八位直接参与推动团队学习法的催化师及企业大学工作者合著而成，全面真实地记录了这三家央企采用团队学习法激活组织、推动各项工作的实践，时间跨度达30余年，首次将这三家公司的主要大型研讨会案例呈现在读者面前。

本书第一部分的两章由郝君帅编写。郝君帅在2003～2010年就职于华润集团，是当时华润集团行动学习的主要参与者和推动者之一。郝君帅是深圳市领航管理咨询顾问有限公司和北京智创嘉策企业管理咨询有限责任公司的创始人、首席行动学习专家。他是首位大中华区获国际引导协会（IAF）"引导影响力金奖"的催化师、国际引导学院（INIFAC）全球专家级催化师（CMF）及认证评审官、国际行动学习协会（WIAL）高级行动学习教练（SALC）及认证评审官。他翻译出版了《行动学习：原理、技巧与案例》《行动学习催化秘籍》《大师级引导》《共创式战略》等十余部著作。他被授权为美国韬略公司（LSI）"EF引导的秘诀""SFS共创式战略"课程的导师，新加坡催化师协会（FNS）"SPOT团队引导"课程的导师。

第3章领导力建设由慈龙江编写。慈龙江是中化集团的认证催化师，获得了美国Prosci公司的ADKAR变革管理认证，是《变革管理商战模拟》版权拥有者。他曾任法资企业大中华区新业务发展部负责人、法资咨询公司北京分公司负责人和销售总监，具有丰富的企业任职经历，现就职于中化集团化工事业部GROWTH学院，负责组织发展和员工发展工作。他参与了化工事业部的多项变革和创新转型工作，包括公司战略方向转移和战略规划制定、产业转型升级、企业文化重塑、组织架构调整、新工厂搭建和搬迁等方案的设计与实施。同时他对转型期企业的愿景、使命、价值观提炼，企业文化打造和宣传推广，以及跨文化融合和团队建设具有丰富的经验；对政府机关应用团队学习法也颇有心得，曾为省委组织部和其他党政机关实施过团队学习。

第 4 章团队建设由姜华编写。姜华是心理学硕士、中化集团认证催化师。她目前是中化石油有限公司人力资源部总经理助理，从事人力资源工作十余年，多次操盘大型培训，主导建设公司移动学习平台项目。她潜心钻研学习技术，接受行动学习、引导技术、团队学习法培训并践行，积极推动团队学习法在组织中应用落地。

第 5 章制定发展战略由孙鲁闽编写。孙鲁闽现任华润集团人力资源部高级经理，是华润大学行动学习负责人、行动学习资深讲师和催化师。他负责和参与华润大学雄安校区的运营管理、华润集团中基层经理人培训项目；负责华润集团行动学习项目的课程开发，为集团总部及各战略业务单元、一级利润中心行动学习培养和认证行动学习讲师及催化师，主持基于行动学习的案例研究和项目交付；参与华润大学行动学习创新中心各类实验室的流程设计和交付。孙鲁闽主持开发了系列行动学习课程和工作坊，开发的课程有"行动学习导入""行动学习入门 ABC""行动学习催化师赋能系列培训课程""基于个人难题挑战的行动学习""绩效改善群策群力五步法"等；还面向华润集团内外部客户，定制化设计和交付了系列工作坊课程，如"结构化检讨与反思——复盘工作坊""团队难题挑战行动学习工作坊""未来探索 - 战略共识工作坊""现象透视工作坊"等。

第 6 章打造核心竞争力由王顺捷编写。王顺捷是中粮集团我买网新零售事业部总经理，原中粮电商投资有限公司人力资源部总经理，曾任中粮集团忠良书院总经理助理、中粮集团中国企业管理研究中心负责人。作为国内最早一批行动学习的探索者和实践者，他结合国情和企业管理现状，构建了团队学习体系，并有效推动了团队学习法在中粮集团的落地和传播。

第 7 章执行 - 贯彻实施由唐巧虹编写。唐巧虹是中化集团的认证催化师，是高级人力资源管理师、化工工艺高级工程师、人力资源法务咨询师，现任江苏扬农化工股份有限公司专职党委副书记、扬州市人力资源协会常务副会长，长期从事科研、生产、技术、人力资源管理等基层岗位工作，曾获得"华东理工大学首届做出突出贡献的工程硕士学位获得者"、第二届长三角优秀 HR 经理人、江苏省"三年五万"高校毕业生就业见习计划优秀指导老师。她在负责公司人力资源工作期间，全程经历了所属公司的一个合资公司、两个较大生产基地的投资建设，在此期间，公司建成了全国高校毕业生就业见习国家级示范基地，获全国就业先进单位等荣誉。2016 年起，她开始接触并潜心研究、开发团队学习法在不同工作场景中的应用，已在机制变革、激发个体和组织活力、高效解决问题等企业运营情景应用中取得创新实践成果。

本书第三部分的两章和第四部分的前两章由王昆编写。王昆任职于中化创新管理学院，是高级经济师、资深催化师和私董会教练，是中化集团团队学习的积极参与者和主要推动者之一，系统总结了团队学习法在中化集团的应用场景，并开发了中化领导力建设工作坊、组建团队工作坊、战略制定工作坊、创新工作坊、对标工作坊和复盘等系列团队学习课程，先后组织编写《中化团队学习手册》1.0 版及 2.0 版，其中《激活组织，驱动创新转型》荣获中国企业高管培训联盟 2018 年度最佳教材奖，中化团队学习法荣获 2017 年中国人力资源管理最佳实践奖。

第 12 章常用工具由史旭洋编写。史旭洋就职于中化创新管理学院，是中化集团的认证催化师，也是中化集团团队学习的最早参与者和推动者之一，开发了"洋洋带你走进中化团队学习法"语音微课，参与编写校核了《中化团队学习手册》1.0 版及 2.0 版。她是思维导图讲师，对团队学习流程及工具非常熟悉。

目录

宁高宁谈团队学习
推荐序一
推荐序二
前　言

第一部分　什么是"团队学习"

第1章　从行动学习到团队学习　/2

行动学习方法论灵感的来源　/4
行动学习方法论假设的形成　/5
行动学习方法论应用的萌芽　/6
行动学习方法论的完善　/7
行动学习方法论的系统化　/7
行动学习方法论进入中国　/9
从行动学习到团队学习　/10

第2章　团队学习为何有效　/12

团队学习打破了组织的边界和壁垒　/14

团队学习有助于系统思考解决问题 / 15

团队学习激活了参与者的创造性和主动性 / 15

团队学习加速了决策和行动 / 16

团队学习强化了彼此信任和共识 / 17

团队学习对组织和人才发展有效性的基本原理 / 17

团队学习的核心要素 / 19

团队学习的重要角色 / 23

团队学习与经典行动学习的异同 / 24

团队学习在组织中的适用场景 / 25

第二部分　在经营管理中的应用场景

第 3 章　领导力建设 / 28

原理篇 / 30

方法工具篇 / 42

案例篇 / 47

第 4 章　团队建设 / 62

原理篇 / 64

方法工具篇 / 76

案例篇 / 86

第 5 章　制定发展战略 / 94

原理篇 / 96

方法工具篇 / 99

案例篇 / 116

第 6 章　打造核心竞争力 / 122

原理篇 / 124

操作篇 / 128

方法工具篇 / 131

案例篇 / 136

第 7 章 执行 – 贯彻实施 / 150

战略执行 / 152

高效执行的四个要素 / 153

执行中的窘境 / 156

用团队学习法实现高效执行 / 156

第三部分 激活组织与驱动转型

第 8 章 激活与赋能组织 / 184

团队学习法背后蕴藏的企业管理之"道" / 186

学习型组织建设 / 187

共享,营造一个组织学习的场域 / 188

激活个人和组织的有效方式 / 189

企业如何导入并开展团队学习 / 190

在企业经营管理的场景中学习 / 191

企业管理者发起改革的有效方法 / 192

组织反思的有效工具 / 193

创造知识的企业 / 194

赋能及推动组织发展 / 195

塑造坦诚、开放的企业文化 / 195

第 9 章 驱动变革转型 / 198

新时代领导力发展的方式 / 200

建立认识统一、思想统一、目标统一的互信团队 / 201

解决变革问题的有效方法 / 202

贯彻变革意图的有效抓手 / 203

领导者发动变革的有效方式 /204

企业持续创新的源泉 /205

第四部分　研讨设计及使用的工具

第 10 章　策划设计 /210

准备阶段 /212

第 11 章　过程催化 /218

研讨过程中催化师的作用 /220

团队学习的使用心法：催化技术 /221

后期跟踪 /222

团队学习可能出现的问题 /223

第 12 章　常用工具 /224

热身活动 /226

研讨工具 /234

研讨会所需准备的物料 /257

会场布置方式 /258

第一部分

什么是"团队学习"

> 团队学习法要成为一种工作方式,领导者应是团队学习的催化师和引导人。
>
> ——宁高宁

第 1 章

从行动学习到团队学习

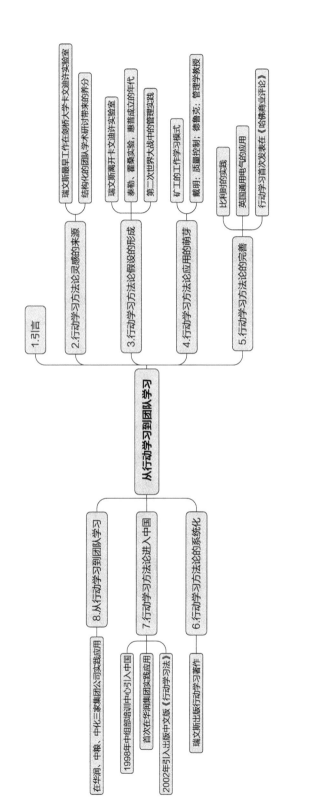

何为团队学习？当我们谈到团队学习时，首先需要理解行动学习（action learning）的概念，因为团队学习是构建于行动学习理论基础上的一种实战方法论。

行动学习是20世纪70年代由英国管理大师雷格·瑞文斯发展出的一种方法论。

行动学习方法论灵感的来源

瑞文斯博士毕业后最早在剑桥大学卡文迪许实验室担任物理研究员，当时实验室中有30多位科学家，这群人中共产生了13位诺贝尔物理奖获得者。这些世界顶级科学家的思维方式和工作方式对瑞文斯产生了重要影响，有一些成为瑞文斯提出行动学习的灵感。

作为卡文迪许实验室负责人的欧内斯特·卢瑟福（Ernest Rutherford）推行一种结构化的团队学术研讨，每周召开一次会议，每次会议中这些顶级科学家轮流作为"志愿者"提出主题并展开研讨，卢瑟福给这位"志愿者"的指导是："每周带来一些我们相信但可能不是真相的话题。"就这样，每周三下午4点，这些科学家聚集在一起，对"志愿者"带来的主题展开讨论，这是一段与未知和无知进行"斗争"的历程。1932年的一次会议给瑞文斯留下了深刻记忆，当时是詹姆斯·查德威克（James Chadwick）发起主题，卢瑟福对着参加会议的人说："哦，先生们！过去几小时给我印象最深刻的是我自己无知的程度。你们是什么感觉呢？"这样的研讨在卡文迪许实验室一直在持续，参会者首先承认每个人都有自己的盲区和假设，大家在所研究的物理学最前沿不断质疑现有的假设，每个人的心智模式和认知盲区不断浮现，从而不断发现更多物理学的真相。这其中彼此研讨最重要的"工具"就是洞见性提问和质疑反思，这也是瑞文斯从中获取到的最好的养分。

后期瑞文斯构建行动学习方法论时，提出了行动学习公式 $L = P + Q$。其中的 Q（洞见性提问）就是传承自卡文迪许实验室。同时瑞文斯创建出行动学习的 alpha、beta 和 gamma 系统，gamma 系统更是源于这段物理学研究。

行动学习方法论假设的形成

1932～1935 年，瑞文斯遇到了伯特兰·罗素（Bertrand Russell）以及其他一些哲学家，他受到这些人的影响，开始担忧物理学研究可能带来的灾难。到了 1935 年，基于对物理学特别是原子物理研究的深深忧虑，瑞文斯最终离开了卡文迪许实验室，也离开了为之奋斗的原子物理学。他成了英国埃塞克斯郡议会的副教育官，在这里他开始专注组织学习过程。

这一时期，管理的主流理论和实践中基本上没有人性的地位。对泰勒来说，人不过是一种企业生产原料，而福特则把人视为生产所用的机器设备。但这个时代主流的管理理论下，其实已经开始暗流涌动。乔治·艾尔顿·梅奥（George Elton Mayo）所做的霍桑实验，以及他的著作《工业文明的人类问题》，在当时的主流管理思潮中激起了一点涟漪。1937 年惠普在车库成立，这个车库不仅是硅谷的发源地，更是分权、更为人性化的管理的诞生地。

瑞文斯在这一时期已经开始关注人性因素在管理中的影响，并且从思想上开始投身其中，准备创建一种根植于人性的解决问题方法论。

在这一时期第二次世界大战爆发了。瑞文斯没有到前线作战，而是留在了后方投身于伦敦的急救服务中，这也是他实践自己设想的管理模式的时期。面对纳粹的轰炸，如何应对紧迫的局面，没有理论可循，只能遵照亚里士多德所谓的"我们必须学习的是如何通过做来学习"。这一时期瑞文斯作为一位管理实践者，获得了大量宝贵的经验，这让他更加深刻地认识到管理的本质，并形成了他的重要假设："践行管理和学习管理是同一件事情。"

行动学习方法论应用的萌芽

第二次世界大战后的英国百废待兴，煤矿作为核心产业被国有化（1947年），1000多个分散的煤矿、79万员工一下子合并成了英国国家煤炭局。瑞文斯受命负责这个机构的教育培训工作。作为实干家的瑞文斯，接到任务后没有从故纸堆中搜集关于如何管理的理论指导，而是花费了一段时间和矿工在井下作业。在劳动过程中，瑞文斯有个重要的观察发现：井下的矿工为了彼此的安全防护和高效生产，相互间保持着高度依赖，而这是他曾经在卡文迪许实验室所熟悉的一种精神。瑞文斯发现矿工从彼此学习到的知识和经验远胜于从煤矿管理咨询顾问那里学的，那些高学历的人甚至有些都没有到井下弄湿过他们的鞋子；同时这些矿工在解决出现的问题时也非常有效。基于观察和思考，瑞文斯建立了一所为煤矿管理者服务的学院，把这种基于团队共同解决问题并从中学习的模式引入其中，同时还进行了"最有效小组规模"的研究和评估，并且撰写了早期的一篇论文"小即尽责"。

在煤炭局的这段经历进一步完善了瑞文斯的思考，丰富了他的实践，也显示了他的远见卓识，让他更深入地思考管理中人性的价值。同期一些伟大的管理学家也在做着同样的工作。1950年，管理学家威廉·爱德华·戴明（William Edwards Deming）开始在日本讲授质量控制，戴明讲"我不仅给他们讲质量，还向他们解释管理者的责任"。这一年在美国，彼得·德鲁克（Peter Drucker）成了纽约大学的管理学教授,这是世界上第一个获得这一称呼并教授这样一门学科的人。追求人与人合作最大化开始成为这一时期的主题,也是瑞文斯构建行动学习的核心主题。

行动学习方法论的完善

瑞文斯主张管理是一种实践发展而非理论教育,这与当时曼彻斯特大学构建MBA教育体系的思路产生了重要分歧,1965年他离开教授职位,受邀到比利时去领导一个历时三年多的大学与企业合作项目:为比利时最核心的数十家企业培养高级企业管理者。在此,他第一次完整地运用了行动学习方法。在行动学习过程中,每个参与者带着自己所在机构的棘手难题走到一起。这些拥有不同专业特长的管理者组成学习团队,大家群策群力,互相支持,分享经验,反思、质疑原有做法,形成新的行动策略。这次尝试获得了成功,有学术研究表明该项目为比利时GDP的增长发挥了重要作用(到20世纪60年代末比利时人均小时GDP升为全球第一)。之后瑞文斯返回英国,运用同样的方法为英国通用电气公司(GEC)设计了管理发展项目,再一次验证了行动学习的有效性。1977年,有学者总结了瑞文斯的行动学习案例并发表在美国著名的刊物《哈佛商业评论》上,自此行动学习进入了美国企业界。

行动学习方法论的系统化

瑞文斯于1971年出版了《发展高效管理者》一书,在该书中,他正式提出了行动学习的理论与方法。按照瑞文斯的设想,行动学习是一个小组针对现实中真实的、需要解决的难题,提问探询、质疑反思、讨论分享、构建策略的过程，既在解决问题，同时也在发展团队和个人。

瑞文斯关于行动学习的概念主要体现在两个方面：第一，采取行动是任何学习的基础；第二，管理者最有效的学习是通过社会交换实现的。

瑞文斯还提出了行动学习的学习等式㊀：

$$L = P + Q$$

L：learning，学习的发生；

P：programmed knowledge，传授结构化知识；

Q：questioning insight，提问引发的洞见。

"传授结构化知识"是现代教育或培训的主要形式，瑞文斯用"P"来表示这一点。学习者接受指导，学习现成的理论和方法，从而更好地理解所面对的事物，更有效地应对所在的环境，更聪明地解决所遇到的问题。

瑞文斯认为，传统教育背后的理论假设是：我们面临的任何问题都会有一个正确的答案，尽管有时寻找这一答案很困难。但行动学习背后的理论假设是：没有一个现成的理论课程能够帮助人们解决所面对的管理难题或是抓住可能的机会。每一个管理者，他的价值观、信念、个性、经历、意愿、思维方式等都不同，这一切都会影响他们思考和判断问题以及解决问题的方式。专家开发的"P"并不能帮助管理者解决他们在现实情境中遇到的大量难题与挑战。"在不确定环境下提问探询引发洞见"（Q）才是更有用的学习方法。

应用"Q"意味着，首先，学习主题直接针对现实的环境和任务。其次，学习需要兼顾"做的结果"以及"如何做"，也就是哈佛大学组织学习大师克里斯·阿吉里斯（Chris Argyris）所言的"双环学习"。

㊀ 雷格·瑞文斯. 行动学习的本质[M]. 郝君帅，等译. 北京：机械工业出版社，2016.

再次，学习是在小组或团队中进行的。在团队中，"参与者会一次又一次地发现自己不识庐山真面目……其他人会通过不同视角的询问、分享，激发这个人更清晰地认识到自己只缘身在此山中"。同时，通过分享他们做的过程以及为什么如此，通过体验作为管理者的共同尴尬或苦恼，通过提供相互的心理支持，他们会产生顿悟，不断增加自信。在瑞文斯看来，获取新知识对改变行为的贡献是微不足道的，持续的行为改变更多来自人们对自己过去经历的重新认识或重新建构。最后，一个人行为的改变来自个人希望改变的意愿和决心，除非自己愿意，否则其他人无法影响一个人的学习。

瑞文斯的创造性在于把解决难题、发展团队与个体有机融合在一起，并且提供了可行的操作方式，这为行动学习走向世界各地奠定了扎实的基础。

行动学习方法论进入中国

20 世纪 90 年代初，中组部培训中心开始关注行动学习法并进行了研究。1998 年在时任中组部培训中心主任的陈伟兰女士的领导下，中组部培训中心率先将这一方法应用于实践。根据中国的国情，当时中组部培训中心选择将这一方法用于甘肃省等西部贫困地区省份的中高级公务员的培训与发展项目，并在实施过程中对行动学习做了部分改良，使其更适应中国的国情与文化。该项目的实践为推动地方政府职能转变，开发中高级公务员管理培训的新技术及推动省级机构人力资源管理政策现代化做了重要尝试，这次重要的尝试对行动学习法在中国的探索和实践奠定了坚实的基础。

华润集团是第一家引入行动学习的企业，也是在陈伟兰女士及其团队的帮助下实现的。在 2000 年年初导入初期，这个项目并不是叫

"行动学习"，而是称为"高层培训"，当时华润集团高管正面临从贸易向实业化转型的复杂变革挑战，他们应用行动学习法进行了持续的研讨并采取行动，且同样在应用中对行动学习进行了改良和调整，该模式更像是后期被称为"团队学习"的模式。行动学习不仅加速了"再造华润"的战略目标的达成，更是成了华润集团的一种工作方法和思维方式。

2002年华夏出版社引进出版了国内第一本行动学习专业书籍，通过《行动学习法》作者伊恩·麦吉尔（Ian McGill）和利兹·贝蒂（Liz Beaty）系统的阐述，国内众多读者第一次系统了解了行动学习的全貌。自此，随着机械工业出版社、中国人民大学出版社等机构大量引进国外行动学习经典著作，《培训》杂志推出"行动学习"专栏，还有包括美国国际行动学习协会 WIAL、英国行动学习催化中心 CALF、瑞典行动反思学习 MiL、加拿大业务驱动行动学习 BDAL 进入国内，以及一批本土机构的不断实践探索，行动学习开始成为一种流行的人才发展和组织发展方法论；由于传承于国外不同的行动学习流派，加上国内机构在实践过程中的变化，国内的行动学习呈现出百花齐放。

从行动学习到团队学习

团队学习是在华润集团、中粮集团、中化集团等组织长期广泛实践的基础上，形成的一种独特的实战学习模式。相对于行动学习而言，团队学习的精髓是：一个真实的跨职能/跨层级团队，围绕自身所面对的、企业中真实存在的难题或机会，应用结构化的流程方法工具，共同研讨、质疑反思、提出方案并付诸行动，之后持续跟进确保得到成果，并从这一过程中获得能力的提升和团队的融合。

团队学习相比行动学习更加强调成员的构成，这些团队成员必须来自一个利益共同体，他们不是一个虚拟或者临时性的项目小组，而是前、中、后台密切协同的不同部门，或者上下级高度支持的不同层级，他们在平时工作中有固定的工作关系，都是基于职能分工和共同利益加入进来；在团队学习中，所要解决的问题正是这些成员正在面临的共有真正难题，而非他人强加于他们的难题。

第 2 章

团队学习为何有效

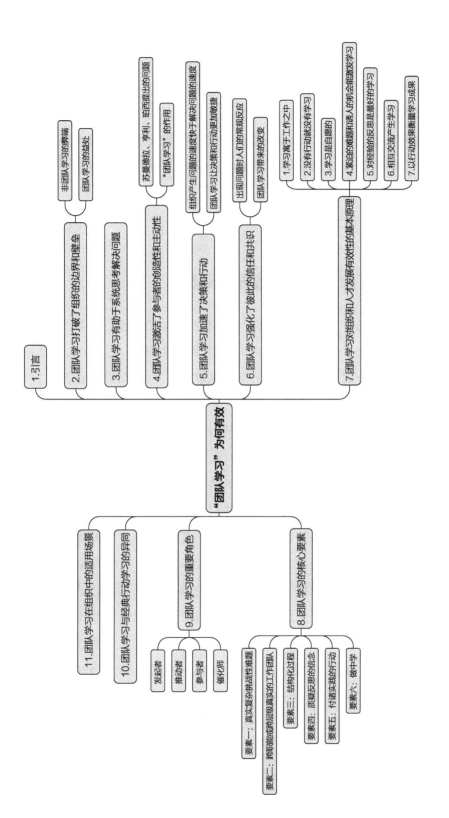

团队学习从概念上看是一个相对简单的方法：一个真实的跨职能/跨层级团队，围绕自身所面对的、企业中真实存在的难题或机会，应用结构化的流程方法工具，共同研讨、质疑反思、提出方案并付诸行动，之后持续跟进确保得到成果，并从这一过程中获得能力的提升和团队的融合。

这么简单的一个过程为什么能够奏效呢？

团队学习打破了组织的边界和壁垒

对于初创公司而言，创始人和创业团队在一起，没有人关注彼此的头衔和职务，而是全力以赴盯着组织的生死存亡，彼此信任依赖。他们在大部分时间里都处于无章可循状态，一切都需要创造性，非正式沟通、及时沟通是主流，每个人不仅仅关注个人的目标达成，同时也关注整体目标的达成，在需要的时候快速伸手援助，为了整体的成功愿意承担责任。

但是随着组织不断壮大，组织的复杂性不断提升，专业化分工便成了所有组织的灵丹妙药，新的部门不断增加，众多"墙壁"在横向开始长出；同时因为管理幅度的制约，管理层级亦不断增加，纵向也长出了众多"天花板和地板"，每个人都"居住"在其中的一个"格子"中，组织越大"格子"就越多。这些"格子"的出现是一把双刃剑，尽管能够带来整个组织的有序运作，但是同时也带来了组织功能上的割裂，以及组织中人与人之间心理上割裂。人们更多地关注自己"格子"里的事情，而忽视了整个组织的全局目标。当环境快速变化时，整个组织难以做出灵活快捷的应变，出现问题时更多是政令不通、推诿猜疑、抱怨指责，组织缺失应对变革的活力。

"团队学习"的运作模式，恰好能帮助组织在解决问题中呈现出初创企业的活力。一群因面临共同难题或机会而走到一起的跨职能/跨层级参与者，把头衔和职务放到会议室外，平等参与、认真聆听、相互激发，从全局去思考和决策，并快速采取行动。"团队学习"具备打破组织壁垒、穿透组织边界的效能。

团队学习有助于系统思考解决问题

组织面临难题，正是因为组织原有的功能无法正常发挥作用。在割裂的状况下，往往离问题最近的人承担最多的责任，但是他们又是最缺乏资源和决策权限的人，单靠他们的力量，解决问题只能浮于表象。销量下降未必都是销售偷懒，也许是研发了不符合市场的产品；质量瑕疵未必都是生产懈怠，也许是采购了不良原料。各个部门各自努力，继续用原有的功能去解决问题，只能是隔靴搔痒，无法真正解决问题。其中的原因系统思考专家早就告诉了我们，局部之和不等于整体，把一头大象割成两半不能得到两头小象。

"团队学习"在此正是发挥威力之时，把跨职能/跨层级的参与者聚合在一起，专注于所面对的难题，每个人跳出个人的岗位局限，站在组织的全局去分析问题，穿越流程去探寻解决方案，团队成员并肩行动和调整优化以达成目标。正是小组构成上的全局特质决定了解决问题的系统思维。

团队学习激活了参与者的创造性和主动性

出生于印度对欧美管理思想产生重要影响的管理学家苏曼德拉·戈沙尔（Sumantra Ghoshal），在他的著作《以人为本的企业》中写道："我们现在正试图以第一代的管理理念，在第二代的组织中，实现第三代的管理战略。"⊖第一代管理理念可以从如下一句话中得知一二。据说，亨利·福特（Henry Ford）一气之下曾说："我需要的是一双熟练的手，我却不走运地必须和这双手的主人打交道。"今天还有大量企业不断采用日趋复杂的管理政策和程序，将个人的特性最小化，使人"就像他们必须管理的资本那样可以预测和控制"。这样的管理理念必然带来员工潜能的极大浪费，知名公司 ABB 的 CEO 珀西·巴内维克（Percy Barnevik）曾经提出："我们的组织相信，员工在工作中只发挥了 5%～10% 的能力，却把剩余的 90%～95% 放在了工作之外。"事实上目前大多数 CEO 还没有意识到这一点，或者是仅仅意识到了而没有采取行动。在"团队学习"中，情况恰恰与此相反，通过在组织中创建以人为本的场域，不是通过强迫参与者去完成上级要求的动作，而是给他们挑战性任务和资源支持，激发参与者的创造性和主动性，让他们放手一搏。

团队学习加速了决策和行动

在现实的大型组织中，决策者通常远离客户和问题，过度分析和一长串签字是组织决策的病患。这在过去似乎还不是一个问题，毕竟组织所面临的环境变化还没有那么快速，然而时至今日，乌卡时代已然来临，但是大多数组织的决策模式和决策速度并没有显著变化，因此很多组织产生问题的速度超过了解决问题的速度。

团队学习的价值便是让决策和行动更加敏捷。组织遇到挑战或者面临机会，不再是逐层逐级地汇报请示等待行动，而是将参与者汇聚到一起快速决策并付诸行动。尽管建构在过往管理思想和理论上的组

⊖ 苏曼德拉·戈沙尔，克里斯托弗·巴特利特. 以人为本的企业 [M]. 苏月，译. 北京：中国人民大学出版社，2008.

织架构和层级还没有被新的管理思想所重塑，但是团队学习在一定程度上补上了这个缺口。

团队学习强化了彼此信任和共识

当大多数大型组织出现问题时，来自一个部门同样岗位、同样职责的大多数人站在自己的利益或立场上，本能反应是：这不关我们的事，因为隔壁部门队友的存在影响了我们，都是其他部门的不对。部门间相互指责相互抱怨，甚至需要上级出面干预。

"团队学习"中的参与者，不再是岗位和职责相同的一群人，而是跨职能/跨层级面临共同难题或机会的伙伴，在打破了部门边界和层级壁垒后，大家平等地参与进来，消除了相互抱怨和指责，并肩去攻克难题、分享成果。他们在作战中不断深化彼此的信任，同时也逐步增强了共识。

团队学习对组织和人才发展有效性的基本原理

团队学习源于行动学习法，瑞文斯在构建行动学习法时特别强调了通过解决难题学习（learning by doing）的模式，并在《行动学习的本质》一书中提出了促发有效学习的相关原理。○

1. 学习寓于工作之中

在企业中，管理者的首要任务是解决重要问题或抓住关键机会，管理者把大量的时间和精力都投入到了首要任务中。解决问题的过程本身就是思考—行动—反思—调整的过程，在这个过程中，管理者不仅仅完成了管理活动，同时也获得了学习成长的机会。

○ 雷格·瑞文斯. 行动学习的本质 [M]. 郝君帅，等译. 北京：机械工业出版社，2016.

2. 没有行动就没有学习

按照瑞文斯的说法,"干中学"不仅意味着解决问题,而且可以追根溯源掌握解决问题的规律,行动在学习过程中所起的作用比书本中的理论和过往的经验还要大。这也是沙盘模拟、案例研究在管理教育中长期流行的原因,因为这些方法本身就结合了行动和学习。

与其依靠研究过去奥运会的录像来刷新 2.4 米跳高纪录,不如依靠在露天体育场中不断练习更加有效。管理者仅仅纸上谈兵论述如何解决问题是远远不够的,还必须能在实践中真正把问题解决掉。

3. 学习是自愿的

瑞文斯提到,任何人,只有在自愿的情况下,才能改变其内在的信念价值观和外在的行为,并且在实践中持续运用。一个人学习和行为改变的根本动力取决于其本人的内在意愿,而不是取决于外在因素(强迫、贿赂等情形除外)。

4. 紧迫的难题和诱人的机会能激发学习

人类探索未知的天性,促进了人类的进化与发展。紧迫难题的压迫和诱人机会的吸引,都会激发出人类探索发现的意愿。解决难题和捕捉机会的过程可以促进人类行为的改变甚至信念的更新。

5. 对经验的反思是最好的学习

古代圣贤提到"吾日三省吾身"。相比获得新知识,对过去经验的反思更能够推动人们持续地改变自己的行为。尤其对于高级经理,让他们改变行为的,更多是反观过往工作或反思人生经历,而不是阅读新鲜出炉的资讯和信息。

6. 相互交流产生学习

企业是一个缩微的社会，企业中的管理活动是一种社会性活动，通过对真实问题或机会的分析和处理，管理者并肩交流探讨、质疑碰撞。这个过程既深化了彼此的认知，又充实了各自的认知、修正了各自的假设，同时还能够深化彼此的友谊和信任。

7. 以行动效果衡量学习成果

任何理论都需要实践验证。在行动学习过程中，参与者分析问题和提出解决方案的能力提升与否，无法通过方案本身的逻辑内容来确认，只能通过他们的实践结果来检验。因此在小组研讨过程中，不断地比较行动结果和预期目标，参与者才能了解学习的本质和过程。

团队学习的核心要素

尽管团队学习的概念非常简单，但是团队学习的内涵远比"只把团队学习当成头脑风暴"的观念深刻。要想更加深刻地理解和成功应用团队学习，还需要把握好如下六个相互关联的要素。

要素一：真实复杂挑战性难题

团队学习聚焦的是一个难题或者机会，该难题对于参与者和整个组织而言都必须意义重大，且急需解决而没有现成的解决方案，解决这一难题正是团队的责任。国际行动学习协会创始人迈克尔·马奎特（Michael Marquardt）曾提出："要解决的问题越紧急重要，团队的精力和激情就越充沛，解决这一问题的责任心也越强。如果这个问题并

不重要或者太过简单，团队就不会花费太多精力去解决。"⊖

团队学习关注的是一个难题，而不是一个谜题。谜题通常有正确答案，解决谜题的人仅仅是找到正确答案，通常学校中老师在课堂上布置的数学家庭作业就是这种情况，学生的任务就是找出该题目的正确答案。而难题是没有标准答案的，如提升组织中员工的敬业度，不同的人会有不同的策略和行动。

要素二：跨职能或跨层级真实的工作团队

团队学习的核心主体是一个团队，该团队由跨职能/跨层级与问题直接相关的一群人构成，最佳情形是成员拥有多元化的背景和经验，这样更便于获取不同的看法，促成新鲜的观点。哈佛大学的罗宾·埃利（Robin Ely）和戴维·托马斯（David Thomas）开展的一项关于"何种条件下文化多样性会增加或降低工作小组的运行方式"学术研究发现：多样性有助于获取可持续性的业绩收益。

对于团队学习而言，具备多样性的参与者能带给团队不同的视角、不同的资讯、不同的认知和假设、不同的价值评估标准，这些会极大提升团队的研讨问题的质量，强化行动的质量，同时能提高解决问题的成功率。

IDEO（一家非常有名的设计公司）的CEO蒂姆·布朗（Tim Brown）发现了多元化在针对问题制订解决方案的时候所表现出来的重要性。他提到，越是鼓励多样性（比方说，通过把不同的人放在一起），得到的答案就越丰富；越是将看待世界的方式完全相同的人放在一起，得出的结果就越死板。同时，高强度的研讨、彼此观点的深度交流、共同承担责任，促进了团队的信任和团结，也更加促进了在真实工作

⊖ 迈克尔·马奎特. 行动学习实务操作：设计、实施与评估[M]. 郝君帅，唐长军，曹慧青，译. 北京：中国人民大学出版社，2013.

中彼此的协同。

要素三：结构化过程

团队学习的研讨过程通常包括三个部分。

第一部分开启，是让团队有一个打开的过程，目的是让参与者抛开日常的思维框架和种种限制，坦诚开放地参与到研讨中，能够畅所欲言。

第二部分研讨，一个包括思考和碰撞的过程，即引导大师山姆·肯纳（Sam Kaner）所构建的参与式决策钻石模型——发散—动荡—收敛，通过应用工具激发参与者发散思考形成多样性观点，引导参与者就彼此的观点进行澄清质疑和挑战，深化创造性，最终让团队聚焦于产生真正有价值的观点和方案。

第三部分决策，是让团队决策可落实的行动计划和资源配置方案，并在后续可付诸实践。

要素四：质疑反思的信念

哈佛大学组织学习大师克里斯·阿吉里斯在双环学习理论中指出：我们遇到的问题，是我们错误的行为所致，而我们错误的行为背后则是我们所秉持的心智模式；在解决问题过程中，我们除了要在问题层面去探索和行动，还要质疑我们的心智模式，改善我们的信念，这样获得的改变才是持久有效的。

根据组织学习大师唐纳德·A.舍恩（Donald A.Schön）的研究，反思包括行动中反思和行动后反思。行动中反思可以在完成一项任务中给团队提供帮助，增强了团队分享资讯、思路创新、评定观点，以及观察结果的能力。行动后反思则发生在项目的末期，即项目复盘，让团队对自身所做的事情重新进行思考，从而从中获得新的洞见和收获。

要素五：付诸实践的行动

团队学习中，团队成员必须被赋予解决问题并采取行动的权力和资源，他们既是研究者又是行动者。如果团队不能采取行动，那么就无法知晓他们的想法、策略是否真的有效果。如果团队得知他们的任务只是提出一些可能永远都不会被执行的建议，那么他们的积极性就会降低，付出的努力就会减少，会经受挫败感，甚至可能对任务变得冷漠，缺席会议或者不愿完成他们曾允诺完成的任务。没有行动，所有的研讨就不会转化为成果，团队学习就变成了纸上谈兵，浪费组织的宝贵资源。

要素六：干中学

解决问题仅仅能给企业带来直接的短期效益，然而，授之以鱼莫如授之以渔，长远来看，通过团队学习促进参与者的个人成长和整个组织的发展，对组织有更大的战略价值。故此，团队学习亦强调个人及组织发展的重要性等同于解决难题。

团队学习中催化师对整个学习的发生负有重要责任，催化师创造学习环境，并通过一系列干预引导小组进行学习。迈克尔·马奎特提出："催化师的作用就如同催化剂，通过各种方式帮助小组成员，使其越来越有能力：①获得新的知识和信息；②从不同角度进行推理；③在小组中更有效地开展行动；④更透彻地了解他们的动机；⑤改变信念、价值观和基本假定；⑥认同他们的感觉和他们带来的影响。"[一]

团队学习鼓励参与者进行自我批判性的反思，也鼓励团队同伴成

[一] 迈克尔·马奎特. 行动学习实务操作：设计、实施与评估 [M]. 郝君帅, 唐长军, 曹慧青, 译. 北京：中国人民大学出版社，2013.

员相互做出坦诚真实的评价反馈。成员讨论、共享、集中他们的假设和经验，能够进一步促进小组学习，同时也能够创造一种促进团队协作的氛围。

团队学习的重要角色

开展一次成功的团队学习，绝不是某个人灵机一动，需要进行缜密的策划和发起。整个团队学习过程中，有四类重要角色分别起着重要的作用。清晰地了解四类角色的职责和任务，是确保团队学习成功的关键。

角色一：发起者

发起者通常是组织中团队学习所研讨难题涉及的高级管理者，他负责提出所要研讨解决的难题或要把握的机会，对团队进行必要的授权；发起者需要支持团队研讨形成的最终方案的实施。

角色二：推动者

推动者（也可以由发起者担任）受发起者委托，负责团队学习会议的各项准备和沟通协调、参与人员的选择和通知，并参与整个过程的设计，督导方案的实施。

角色三：参与者

参与者，也就是团队学习的核心成员，他们负责收集资料、分析问题、提出创造性解决方案；当发起者出席时，团队向发起者报告解决方案；方案得到批准后，参与者往往负责实施并达成最终成果。

参与者的选择务必考虑与所解决问题的相关性，不相关的人尽量不要进入团队学习；还要考虑跨职能/跨层级，避免参与者过于同质化；同时需要发起者与参与者的直线上级沟通，让其支持参与者；在某些特定情形下，组织可以将少数需要特别重点培养锻炼的人员放到团队学习中。

角色四：催化师

整个团队学习的初始化、过程设计、现场研讨的引导催化，包括后续协助推动者督导推动方案实施，都需要有团队学习专家在场，这一角色就是催化师。催化师既是一位方法论专家和个人成长与组织发展专家，又是一位受过专业训练的现场引导专家。组织在应用团队学习初期，可以考虑引入外部催化师，当进入持续推广应用阶段，通常需要在组织内部培养一定数量的催化师。众多组织的实践表明，仅靠看一本书、观摩一次团队研讨而速成的所谓催化师，必将给组织发起的团队学习带来灾难性结果。

团队学习与经典行动学习的异同

尽管团队学习源于行动学习，但是二者有显著的区别，我们从核心要素和关键角色出发，在表 2-1 中列出二者的异同。经典行动学习（瑞文斯模式）更强调参与者学习成长，而团队学习更强调解决问题和组织发展。

表 2-1　团队学习与经典行动学习的异同

	经典行动学习	团队学习
难题	来源广泛：可以是参与者带来自己的内部问题，也可以是发起者指定的与参与者相关或者不相关的问题，甚至是来自组织外部的问题	来源聚焦：发起者指定的与参与者高度相关的问题

（续）

	经典行动学习	团队学习
团队	6~8人的临时性团队，成员在满足多样性的条件下可以任意组合，甚至是来自不同组织的人组合在一起，与日常工作关联度低	从数人到数十人团队，成员在满足多样性的条件下更强调与问题的相关度，来自工作中与问题相关度高的部门或者团队，与日常工作关联度高
研讨过程	更强调学习反思和学习成长	更强调解决问题和组织发展
质疑反思	都强调深刻的质疑反思	
行动	形成的方案可能会付诸行动，也可能不会付诸行动；对成果预期不高	形成的方案一定会付诸行动；对成果有高预期
干中学	都强调通过解决问题实现学习	
发起者	不是强制的，有时没有发起者	强制的，必须有发起者
推动者	不是强制的，有时没有推动者	强制的，必须有推动者
参与者	都是必需的	
催化师	不是必须有独立的催化师，且刻意弱化催化师的作用；部分项目小组成员自行承担催化师角色	必须有独立的催化师，有时发起者或推动者同时承担催化师角色；参与者不承担催化师角色

团队学习在组织中的适用场景

环境在变化，身处其中的企业也必然处于变化之中，因此所有企业每天都会面临大量的难题或者机会，如果进一步将这些难题或者机会进行分类，我们会发现从战略到模式、从绩效到创新、从文化到人才都是这些难题和机会的标签。我们已经知道团队学习有效，但在这些领域是否都能够适用呢？答案显然为"是"。

正如我们去哈根达斯冰淇淋店会有多种选择，比如朗姆口味、香草口味、巧克力口味等，当我们挑选好口味以后，服务员会启动冰淇淋机器制作一个冰淇淋装到蛋筒内给我们，尽管口味可以不同，但是制作冰淇淋的设备和工艺流程是相似的，不同口味取决于加入的原材料差异，也许还包括微调了一点设备和工艺参数。

基于团队学习解决难题与此类似，团队学习是解决难题的"设备和工艺流程"，同类型的难题正是团队研讨这一"设备"的前端输入原料，而整个团队学习的组织实施过程是相似的，只不过针对不同的难题中间研讨的工具方法可能会有调整。

在接下来的章节中我们会按照主题分类，从领导力建设、团队建设、制定发展战略、打造核心竞争力、执行 – 贯彻落实五个主题分别深入介绍团队学习在具体场景的应用模式、应用要点，并辅之以具体案例阐述，帮助读者更好地理解和掌握团队学习这一方法论。

第二部分

在经营管理中的应用场景

第 3 章

领导力建设

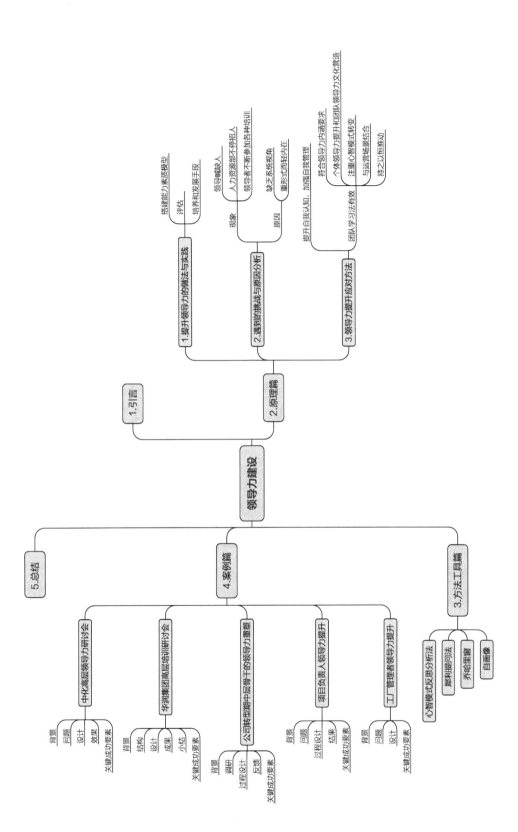

领导力在组织发展中发挥着重要作用，麦肯锡通过对 700 家欧美大型公司进行调研发现，领导力的质量对业务增长至关重要。波士顿咨询公司调研 2039 位商业领袖发现，领导力发展工作是他们最优先考虑的事。根据美国培训市场的统计，30% 的培训费用在领导力培训上。⊖

因此，很多公司都将领导力的提升作为最为重要的工作之一。杰克·韦尔奇在其自传中用"人的企业""再造克罗顿维尔，再造 GE"两章专门谈论人才对 GE 基业长青的关键作用，可以毫不夸张地说，领导梯队建设是这家企业基业长青的秘密。中国企业"教父"柳传志先生总结联想管理的三要素是"搭班子、定战略、带队伍"，管理的关键起点是领导者。宁高宁在"五步组合论"里也提到"选经理人、组建队伍、制定战略、形成竞争力、创造价值"，也把领导者作为了管理的起点，这也是企业管理最关键、最基础的起点——从选择 CEO 和好的领导者入手。可见，卓越企业都"以人为本"，领导者在企业的管理中发挥着至关重要的作用。

原理篇

什么是领导者？美国前国务卿基辛格说，领导者，就是要带着他的人从他们现在的地方到他们从来没有去过的地方。什么是领导力？宁高宁给出的定义既简洁又极具穿透力：领导力，就是你带领组织达成目标的能力。领导力，体现的是一种能力，带领组织达成目标的能力。在这个过程中，领导者需要为组织和团队设定方向，明确未来发展的目标，并且能够得到大家的支持和认同，同时也要能够激励和鼓舞大家，依靠团队的力量来实现组织的目标。所以说，领导是一个影

⊖ 戴维·尤里奇，诺姆·斯莫尔伍德. 可持续领导力［M］. 周晓倩，译. 北京：机械工业出版社，2015.

响过程。当你担任领导时，你与他人协作，帮助他们实现了组织的目标，同时也实现了个人的目标。领导力对处于变革转型中的企业尤其重要。企业的外部环境快速变化，充满了不确定性，企业发展面临的挑战非常多。此时，领导者对于未来方向的判断和把握能力，对于团队的激发和产生共识的能力，对于决策和执行的有效性把握，都将对企业的未来发展产生决定性影响。

领导力来自哪里？是天生的还是后天培养的？在中化集团我们发现，好的领导者70%是选出来的，他们具备了基本的能力和潜质，被选拔出来后，他们的领导能力可以通过培训教育得到进一步激发和培养，可以通过日常工作进行进一步训练和提高。

在团队学习中，将领导者的自我反思和自我认知作为领导力提升的突破口，将打造领导力的群体性文化作为一个重要载体，从而实现领导力的提升。

现阶段各企业提升领导力的做法和实践

正因为领导力对于企业发展非常重要，所以各个企业对于领导力的培养和提升做了非常多的努力和实践。

最普遍的做法通常是这样（见图3-1）：通过调研，借助外部咨询公司或自行开发公司的领导力素质模型。该模型确定了对公司而言最重要的领导者能力项，并且区分不同绩效的行为标准（优秀、一般、很差等）。还有些公司会根据不同层级的管理者制定能力模型和标准。

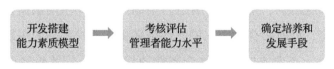

图3-1 领导力提升的普遍做法

确定能力模型后，公司将会通过各种测评来评估现有管理者的能力表现，有线上领导力问卷测评和线下测评中心。每位领导者被测评后将会获得一份测评报告，该报告的内容就是对领导者在不同能力项上认知和表现的客观反馈。

有了测评报告之后，公司将采用不同的培养和发展手段来提升领导者的能力素质。最广为人知的培养理念是 7—2—1——70% 在岗位上培养，20% 是人际学习，10% 是课堂学习，对应的培养手段是轮岗、教练或导师辅导，以及课堂培训。

从不同企业的实际操作看，轮岗难度大，较难实现人才在组织内部大范围地有序轮动。即使轮岗，也是在小部门内部的轮岗，很难实现跨职能、跨板块的轮转。所以岗位培养更多体现在领导者在本岗位上不断历练积累经验，承担更多的责任和更复杂的任务。当然，也有部分企业实现了部分人员的有限轮岗，确实起到了较好地锻炼人才、提升能力的作用，但总体来看，操作难度较大。

领导力提升的另外一个手段是教练或导师辅导、师带徒。理想的教练和辅导，通常是安排跨部门、跨职能的上一级或上两级领导来担任，一对一或者一对二，定期辅导。一位经验丰富的教练或师傅可以帮助领导者快速全面提升。然而实际情况是，上级领导往往非常忙，极少有人接受过专业的教练技巧训练，受限于辅导技巧和自身的能力及精力，这种手段并未取得非常好的效果。

领导力提升最后一个也是最常用的手段是课堂培训。培训往往也是各个企业在领导力提升中发力最多的一个地方。企业通过各种不同主题的领导力课程培训，帮助领导者进行训练提升。其主题根据领导力素质模型来确定，同时结合每个人的测评结果将其安排到不同主题的培训课程中。当然，企业有时也会结合当期的战略和经营做些培训主题的调整。让领导者参加不同培训从而提高领导力的做法，其背后蕴藏的基本假设是：参加过培训，他们就可以提升领导力，补齐短板。在培训项目的设计中，有些比较有经验的实践者和组织者考虑到这种能力的提升不会在培训课堂上自然而然发生，所以会加入一些行动学习项目，利用任务来帮助大家增加实践，通过实践来进一步强化培训效果。

领导力提升遇到的挑战与原因分析

一方面，企业在不停地选拔领导者并通过各种形式提升领导力；另一方面，企业管理者一直在抱怨缺人，尤其是欠缺优秀的领导者。不仅如此，参加了各个不同领导力培养项目的领导者在工作中也一直抱怨人员不好管理、资源不够、困难太多等，似乎培养对他们的领导力提升有限。很多企业常常出现这样的窘境：高管拿着高管的工资，却做着中基层经理的事情。

这看似矛盾的一系列现象存在于很多企业中，那么我们就需要思考一下：现在的领导力培养提升做法有没有起到作用？有什么作用？存在什么局限和不足？是否有其他的方式可以弥补这种不足？我们尝试着从以下两个方面进行分析。

（1）缺乏系统视角：这可以从两个角度来理解。一方面是很多企业并不太重视领导力培养和人才储备，它们认为领导力提升项目投入大、周期长，但是当企业发展需要领导者人选时，往往找不到合适的对象，反而抱怨人才培养和梯队培养存在问题，于是赶紧组织各种选拔和培养项目，临时抱佛脚，效果不佳。另外一个重要的方面是，一些企业认为领导力提升仅仅是领导者个人的事情，殊不知，当整个系统缺乏共识性的领导力文化的支持时，个体领导力作用的发挥有很大的局限性。

（2）重形式而轻内在：7—2—1 的培养模式从形式上是很容易实现的，过程中的各种活动可以让项目很丰富，但往往内容架构和知识点的设计安排不够精准，通常是内容堆叠，缺少内在逻辑和彼此深度关联。领导力的提升和转变一定要从内心的转变开始，简单的知识点堆积呈现无法帮助领导者实现领导力的提升和改变。

以上两方面因素叠加，就会导致前面出现的问题循环反复。不仅如此，在当今时代，由于易变性增加、不确定性增加、模糊性增加、复杂性增加，对于领导力的要求和挑战又进一步提升。如果管理者不与时俱进，项目负责人的知识能力不及时更新，那么领导力提升和人才培养的时效性会进一步降低。如果我们在内容更新、形式设计、主题选择方面还根据传统方法来实现领导力提升，恐怕会"事倍功半"。

领导力提升的应对思路和办法

如何有效地提升领导力？有哪些方法和路径？彼得·德鲁克的《卓有成效的管理者》一书中有很多描述，其中的很多观点值得我们借鉴和思考。"管理者的工作，本质上是'思考'或脑力劳动，是无形的思考。一旦思考无效，就等于没有成就，思考本身也不会持续。"而且，别人或管理当局无法对此"思考过程"进行干预或管理，必须依赖这些管理者的自我引导；通过自我管理的有效性，使知识转化为他人的行动，转化为企业的成果或绩效。这种自我管理的有效性，在很大程度上取决于管理者的观念和行为方式，致力于把事情做正确，强调的是"做正确的事情，把事情做正确"。⊖

通过这些彼得·德鲁克对于管理有效性的描述，我们可以看出，领导者的管理工作要发挥成效，必须能够做正确的事情，正确地做事。要做到这一点，领导者必须首先从思想意识上有思考和反思，之后才可能从行为上有改变，才可能将其转化为他人和企业的绩效。作为领导者，最重要的是管理好自己！

同时戴维·尤里奇在他的《可持续领导力》一书中也提到了领导力

⊖ 彼得·德鲁克. 卓有成效的管理者 [M]. 许是祥, 译. 北京：机械工业出版社, 2019.

提升的三个突破口，分别是自我监控、自我认知和自我发现，这与彼得·德鲁克的观点不谋而合，有异曲同工之妙。

领导者可以学习很多领导力知识和技巧，但知道并不等于做到。如何做到知行合一？需要打开自己，知道自己究竟需要什么，知道自己怎样才能接受和转换，这就需要自我认知的启迪和自我反思的刺激。打开自我、反思自我之后，我们才真正开启了成为领导者的过程。领导力之父沃伦·本尼斯曾说过，"成为领导者的过程，就是成为一个健全的人的过程"。当我们看到自己不完整、不完美，并且接纳它们的时候，我们的成长才真正开始。团队学习法可以利用很多工具和流程，帮助领导者打开心扉和自我反思，并且是在一个安全和友好的氛围中，参与者彼此支持、彼此刺激，这些参与者过去工作中有交集，未来工作中依然有交往，真实的伙伴、真实的场景、真实的任务，有连贯性和持续性。所以，团队学习法在领导力提升和发展中发挥了极其重要的作用。

在宁高宁所带领的几家公司中，团队学习法是一个非常重要的提升领导力的方法。20余年的实践证明，团队学习法帮助中化集团、中粮集团、华润集团形成了独特的领导力文化，虽然公司不同，但通过对比发现，三家公司的领导力内涵具有一定的共性，那就是都具有开放、坦诚、群策群力、信任等特性；不仅如此，几家公司的领导者在管理理念及管理行为方面也具有很多相似性。之所以具有这样的共性，重要前提条件是宁高宁20余年的管理要求保持了一致性，但之所以能在领导者群体中获得广泛认可并践行，最重要的一个原因就是团队学习法发挥了作用。

团队学习法之所以能在领导力提升方面发挥作用，与以下几个重要影响因素有关。

（1）对领导力内涵和作用的理解：不同的公司有不同的文化和不同的领导力要求与内涵，因此对领导力的关注重点会有很大的差异，这也就决定了彼此采取的做法和手段会有所不同；领导力是领导者尤其是组织的主要负责人带领组织实现目标的能力。

（2）团队学习法关注的是个体领导力提升与组织领导力文化的共建，交融提升。

（3）团队学习法关注"冰山"下的心智模式并着力于心智模式的转变，这是领导力提升的关键。它强调的是个体的自我认知提升和自我管理能力，通过提升自我认知和深度自我反思来实现心智模式的转变。

（4）团队学习法与组织战略和运营场景结合度高，更贴近日常工作，聚焦于管理行为，应用性强。

（5）团队学习法在领导力提升方面的做法采取的是自上而下推行，持之以恒。上行下效，具有很强的接受度和一致性。

在接下来的内容里，我们将从这些方面展开为大家做详细介绍。

领导力的内涵及培养目标

领导者是在组织内发挥作用，我们先简单谈一下组织，这会帮助我们更深入地理解领导力与组织及个体的关系。从管理学的角度看，所谓组织，是指这样一个社会实体：它具有明确的目标导向和精心设计的结构与有意识协调的活动系统，同时又同外部环境保持密切的联系。从以上的描述我们进一步展开，组织的构成要素包括四个部分。

（1）人——组织由人组成（两个或两个以上），这些人为了共同的目标走到了一起。这是最基本的要素，唯一具有主观能动性的要素。

（2）共同目标——前提要素。组织拥有一个（经常更多）目的或目标。它们有目的和存在的理由。这个目标员工要认同，目标分层次。

（3）结构——载体要素。组织有互相协调的手段，保证人们可以进行沟通、互动并交流他们的工作。分工协作的表现。由部门、岗位、职责、从属关系构成。

（4）管理——维持要素。为了实现目的，组织拥有一套计划、控制、组织和协调的流程。以计划、执行、监督、控制等手段保证目标的实现。

领导者在带领组织实现目标的过程中，对组织中的其他人、组织的目标、组织的流程和管理都有着巨大的影响力。他们的表现直接决定和影响组织的绩效与表现，所以领导者的领导能力相当重要。正是因为认识到这种重要性，不同组织在各种不同的场合都在强调领导力。尤其是对于企业的主要负责人和中高级领导者，领导力的提升和训练更加重要。

此外，从以上内容我们不难发现，领导者带领组织实现目标，首先必须明确目标，如果连目标是什么都不知道又何谈实现。其次，带领组织实现目标，最重要的依靠对象是人，但是人具有最大的不确定性。再次，组织内部是有分工的，完成目标的过程需要多部门共同配合努力，但是这个配合努力的过程对领导者的挑战和要求非常高。最后，组织实现目标的过程需要在组织的流程和制度内进行。

因此，组织内部要提升领导力，必须聚焦于提升带领组织实现目标的能力。那么，领导力的内容就包括了对目标的理解和共识、对组织制度和流程的了解、跨部门协作的能力、对个体成员的了解和激发。这就要求把领导者聚集在一起才能达到最好的效果，才能使上面提到的几个方面在最短的时间内得到快速高效的提升。传统的领导力培训更多针对个体的领导力能力，对个体提升有比较好的效果，可以帮助个体改变和提升，但是难以形成集体的能力提升，其他未参加培训者很难与参加培训者形成共识。

团队学习法的核心理念就是强调了"团队学习"是一种集体的修炼和提升。通常，团队学习法会把所有相关人员聚集在一起进行学习，如果人数太多，会挑选最关键的核心人员参加。而且，学习会从目标出发，以终为始。同时，所有参加者被打乱分组进行学习，这样就保证了不同部门人员彼此有更多了解，为跨部门协作和换位思考奠定了非常好的基础。还有，在运用团队学习法的过程中，一定要结合公司的实际情况进行学习。这是每一个人工作的土壤，脱离这个环境进行学习，就会成为无源之水，出现大家所说的"不接地气""不落地"的情况。

团队学习法可以实现个体领导力提升和组织领导力文化的共建

很多公司通常会把领导者派出去参加商学院、咨询培训公司的领导力培训课程。其背后的假设是，学习之后他们的领导力就可以提升，回到工作岗位后就可以带领团队和组织获得进步。其实，这种做法忽略了一个很重要的制约影响因素——环境和文化。如果组织中只有一个人获得提升，而其他人都还停留在原地的话，那么这个人是很难学以致用的。即使他有很强的影响力，运用学到的领导力影响组织和他人也需要很长时间，会遇到很多困难。

如果把所有相关人员都聚集到一起，共同讲授是不是就会全体提升？就会有效避免前面提到的问题？因此，很多公司组织了各种领导力培训班。确实，这起到了很好的作用，在某种程度上也能避免前面发生的窘况，但是这种纯讲授型的培训有其好处，也有其弊端。好处是从理论认知层面会很有效果，但是个体的理解度和接受度参差不齐。即使一个非常优秀的顾问和培训师用了很多互动参与式的方式来强化加深理解，但是对于领导力的很多现实困惑和挑战触及得也比较少。

最好的领导力学以致用的方式就是形成具有高度共识的领导力文化，而形成这种领导力文化，团队学习法可以发挥重要的作用。团队学习法侧重于形成共识的领导力认知。还有，团队学习法会更多结合现实的管理问题进行深入交流和探讨，解答困惑并且形成具有共识的领导力准则，这样大家在以后的管理活动中就可以在一个"频道"内进行有效沟通，彼此更容易认可和了解对方的出发点，降低了产生摩擦和障碍的可能性。试想，与所有或大部分在日常工作中和自己平级的领导者以及高层老板在一起学习领导力，会产生怎样的化学反应？经过充分讨论会有效解决很多管理问题和困惑，大家明确了什么样的领导力行为是提倡的，什么样的理念是不提倡的，等等。这样就会有效避免彼此的不理解和不合作。

因此，团队学习法能够实现个体领导力提升和组织领导力文化的共建，相互促进交融提升。

团队学习法强化自我认知和自我反思，促进心智模式转变

有这样一个故事：一群鸭子参加了两天两夜的飞行培训，它们练习了水上飞行、高山飞行、逆风飞行等，大家的表现也非常出色。当两天的培训结束后，这群鸭子就摇摇摆摆地回家了。

这样的情况在领导力培训中非常普遍。有人说这是学习环境与自己的实际工作生活环境有差异造成的。假设我们通过团队学习已经形成了共识的领导力文化和领导力准则，又把工作环境与学习环境做了某种程度的链接，就能保证每个人都飞着回去吗？答案肯定是"不一定"。如何尽可能地转化这个"不一定"呢？比较好的方式是从"冰山"下面着手，改变个体的心智模式。当领导者对于领导力的认知逻辑和理念产生了根本上的转变，才能更好地产生行为上的转变。但是心智模式的转变极其困难。

团队学习法着力从心智模式上进行突破，通过多种工具和流程以及氛围的干预，让大家卸掉个体的防卫，剖析自己、反思自我，就像电脑卸载了原有的操作系统而安装了新的操作系统。当然，这种大规模彻底的转变非常难，但团队学习至少可以保证发生变化的是原有操作系统的更新，不能保证所有鸭子都飞回去，但至少可以让部分鸭子愿意飞回去。

宁高宁认为，领导力提升最关键的有两点：自我认知、自我反思。为什么他要特别提到这两点？自我认知和自我反思这么重要吗？因为只有做好这两点，才有可能做到知行合一。虽然我们参加了很多培训，知道很多管理技巧，但如果没有从内心去认可和接受，不清楚自己到底需要什么、不需要什么，更不知道自己的思维模式，那就很难做到知行合一。即使有再多的培训、辅导、实践，效果也不会很理想。自我认知，意味着要对自我进行扫描，明确自己的强项和弱项，这样我们就可以发挥长处补足短板。自我反思，就是需要我们进一步深度思考，我们为什么会形成现在对管理和领导的认知与行为。通过深层次探讨，我们就可以了解自己的心智模式是什么，它是怎么运作的。只有看清它，我们才可能去优化和改进它。只有做到自我反思和自我认知，我们才能真正实现高质量的知行合一，这是一个自外而内刺激、由内向外推动的循环过程。

虽然自我认知和自我反思很重要，但是很难做到。为什么？承认自己哪些地方做得不好哪些地方做得好，哪些是强项哪些是弱项，对于爱面子的领导者来讲，是很难为情的，尤其是对于高级别的领导者，更是难以接受，他们习惯了展现自己的权威和力量，承认脆弱和不足的接受度与认可度都会非常低。他们的封闭性很高，防范意识和反抗意识也很高。另外，自我认知和自我反思，尤其是自我反思，是一个非常痛苦的过程，需要一定时间的摸索和反复，而领导者往往忙于业务，很难静下心来去做这些事情。

与运营场景结合，聚焦于行为的转变

领导力提升中仅仅改变心智模式还不够，必须在行为层面有明确的指导和目标，因为领导力是通过行为体现的。

很多培训都会聚焦于行为，提出很多非常正确的原则和行为标准，然而其中能够在实际工作中采用并确实发挥作用的行为实则有限。为何？因为其框架和标准并未与实际工作场景高度结合。只有结合了工作场景进行讨论，行为才会落地，才能让大家有共鸣，而非仅仅停留在纯理论和概念层面上。

领导者在管理过程中承担着管理自己、管理他人、管理团队、管理业务、管理战略等不同职责，最终要确保组织实现目标、实现高绩效。他们的具体管理行为包括定目标、设绩效、做决策、激励他人、沟通与协调等。

试想一下，集团总部的职能负责人和宁夏一个工厂里的车间主任，下属的人数规模类似，如果只讲理论上正确的管理理论和行为标准，而且是同样的结构和内容，会产生何种效果？

团队学习法能够结合实际场景让大家进行反思和共创，同时辅以一定的管理理论和行为标准进行启发，这样大家对于正确的管理行为标准就有了非常接地气的认识，明确了在接下来的工作中应如何开展管理工作，极大地减少了困惑和质疑。而且得到大家认可的行为准则和规范在工作中可以很快得到执行和推广。

自上而下推动，持之以恒推广

团队学习法更多是从最高层开始实施，然后逐层推进。其影响力和示范性非常高。坚持使用相对一致的流程和工具，就可以保证内容和效果的一致性。

在企业变革的研究中，很多失败都是由于高层的不重视或不支持，由此可见，在企业工作中获取高层的支持有多重要。幸运的是，团队学习法在推进中获得了高层的高度支持。团队学习法在领导力提升方面的应用，就是从最高层首先开始启动，然后层层推进。高层领导在领导力方面获得提升，对于组织目标的实现有非常大的积极促进作用。

然而仅仅靠高层的个体推动，影响深度也有限。此时，通过层层递进地推动，自上而下影响到了最基层，就可以保证上下同欲。

另外，团队学习法在推动中并未出现蜂拥而上运动式的现象。企业是非常实际的，对经营管理有提升帮助的方法就会主动采纳应用，如果无效则会及时放弃。从 21 世纪初华润集团开始应用团队学习法至今，团队学习法一直在领导力提升方面发挥着重要作用。

在以上五个原因之外，团队学习法在领导力提升中能够发挥作用，还因为它提供了一些非常有针对性、有力量的工具，可以辅助个体进行有效的输出和积极的反馈，比如自画像、心智模式图等。同时，它营造了一个安全、友好的氛围，保证大家可以卸掉包袱畅所欲言。当然，现场的实施中还有很多其他注意事项，诸如如何有效利用发起者的支持、现场整体时间的分配调整、人数的范围和规模等，都会对效果有一定的影响。

以上就是团队学习法为何在领导力提升方面发挥了重要作用的原因分析。简言之，团队学习法之所以能够在领导力提升方面发挥较大作用，就是因为它是从领导力的内涵和目标出发，充分考虑了领导力提升过程中遇到的各种困难和挑战，进而从领导力文化的打造、个体心智模式转变和场景化的行为转变几个角度切入，采用了自上而下持之以恒推动的方式，才系统性地克服了一些难题，卓有成效地提升了领导力。

方法工具篇

所有的方法工具都是为了帮助领导者尤其是高级领导者提升自我认知、加强自我反思能力而选取的。通过这两点的切入，领导者可以快速提升领导力，更好地带领组织实现目标。围绕着这个目的，我们根据不同组织特点和不同人群特点，采取了不同的方法工具。

特色工具：心智模式反思分析法、犀利提问法、乔哈里窗、自画像。

1. 心智模式反思分析法

每一个行为的背后都有着不同的心智模式。只有将心智模式进行剖析，才能比较好地认清当前行为发生的原因，也更有助于探讨新的行为模式。这个工具主要是帮助领导者进行深度反思，客观深入地分析心智模式。通过对当前行为的剖析，找到背后的担心和假设，并且思考和探讨新的行为以及新行为没有产生的背后原因。这个工具非常具有逻辑性，也很有穿透力，同时操作难度也比较大。下面我们看一下其模型结构和操作示例。

在实际操作中，大家的反思和剖析如图3-2所示。

S1 实际表现	S2 理想行为	S3 对理想行为的担心	S4 坚持S1的理由	S5 当前假设	S6 新的假设 （理想行为）
· 愿景和使命澄清不够 · 角色转换不及时 · 格局不高	· 全面澄清愿景和目标 · 转换、切换角色 · 提高认知、境界，加强协调	· 影响时间效率，不会有太大区别 · 担心影响手头工作 · 担心掌握不了，拥有感不够	· 意识不到重要性 · 减少风险，担心节外生枝 · 有安全感，在舒适区	· 没有更好的办法提升影响 · 协调起来麻烦，困难多 · 必要性不大，不够明朗	· 更有感召力、事半功倍 · 合力效果最大、效能更高 · 通过更大的成就获得更大的满足感

图3-2　实际操作中学员的反思和剖析图

好处：心智模式反思分析法帮助挖掘各自的思考逻辑，将原本碎片的想法进行了整理，将原本模糊的想法进行了澄清。只有明晰了心智模式，才有可能找到行为多样性的深层次原因。通过分析，挖掘到比较深层次的思维模式和思考过程。这个部分是很多人很少去触及的。

注意事项：

- 若要真正发挥作用而不是走过场，需要较长的时间来操作这个工具。很多人很难一下就掌握。操作过程需要适当的支持和辅导。
- 很多人很难打开自己，自我保护意识非常强，不愿意呈现自己最隐秘的部分。要注意有效地引导和保护。
- 一定要营造足够安全的氛围，相互支持，还要保密，这一点非常重要。

2. 犀利提问法

通过对问题的层层追问，对假设的不断调整，对自我问题进行反思并厘清问题，最终找出自己最大的挑战。

步骤：

- 案主介绍自己带来的问题："我工作中最大的一个困惑（苦恼、困难）是……"
- 其他组员询问背景（如需要）。
- 犀利提问第一轮（每人一问一答，2分钟）。
- 案主点评：有无犀利问题、触动与调整。
- 犀利提问第二轮（快问快答）。

- 案主点评并决定问题是否被重新描述。

犀利提问法是一个非常好的进行深度剖析的工具，会出现很多直面灵魂的深刻问题。但若操作不当也很容易成为走过场的工具。实际操作中经常会出现以下情况导致无法实现"犀利"。

- 案主心态不开放，以专家姿态"答记者问"。
- 提问者以粉丝状态"咨询"案主。
- 强调客观困难，出现抱怨情绪。
- 提出的问题越来越具体、封闭，越来越不犀利。
- 问题或答案太宏观，无法实现 2 分钟快问快答。
- 提问者忘记致力于提出犀利问题。
- 双方脱离探询，陷入"证明自己对"的辩论。

好处：犀利提问法是一种彼此进行深层次对话的工具，特别有力量。他人不同视角的发现可以帮助我们扩展视角、深入思考。其关键点在于犀利，彼此都要着眼于事情的本质，从关怀和提升的角度进行对话，只有这样才能保证你发挥较好的作用。

注意事项：

- 时间：很难快速进入开放而犀利的状态，通常是慢热，所以需要耐心，给大家较为充分的时间进入状态。
- 犀利：很多人担心问题太尖锐和过于深刻，让对方下不来台，而且担心对方也来"刁难"自己，所以问的问题经常不痛不痒。这时就需要催化师有效刺激和引导大家进入犀利的状态。可以通过案主根据自己的犀利感受给予提问者奖品来确定犀利的标准等手段来引导大家。犀利提问法的技巧如图 3-3 所示。

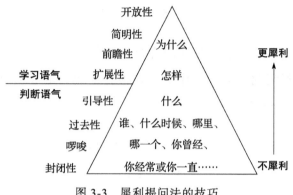

图 3-3　犀利提问法的技巧

3. 乔哈里窗

这个理论最初是由乔瑟夫（Joseph）和哈里（Harry）在 20 世纪 50 年代提出的。它将人际沟通的信息比作一个窗子，这个窗子被分为四个区域：开放区、隐秘区、盲区和未知区（见图 3-4），人的有效沟通就是这四个区域的有机融合。

	自己知道	自己不知道
他人知道	开放区	盲区
他人不知道	隐秘区	未知区

图 3-4　乔哈里窗

好处：非常简单但又非常逻辑化地呈现自己的内心世界。

注意事项：首先我们要判断和明确每个区域的开放面积大小，然后要区别对待。在团队学习法研讨中，我们要主动袒露自己的隐秘区，打开自己，这样更容易获得伙伴的信任，也更易获得他们后续的支持；

之后，我们要在他人的帮助下寻找自己的盲区，携手共同探索未知区。这样我们的开放区面积就会非常大。坦荡开放的领导者更容易获得他人的信任和追随，更容易带领他人实现目标。

4. 自画像

课前要求大家写个 200 字的自画像，要从工作和生活上反映自己。宁高宁认为，作为领导，自我认知是否准确决定你如何带团队、如何沟通、如何取长补短。

方法一：人数在 40 人以内，可采用抽自画像的方式，先由催化师抽出一张并朗读上面的文字，然后学员抢答是谁，当被猜中后，请自画像拥有者上前读完后面的内容，再说一件自己最喜欢的事，随后抽出下一张自画像并朗读，以此往复进行。

用时每人控制在 2 分钟内，40 人预计在 90～100 分钟内完成。

方法二：人数多于 40 人，为了避免拖沓现象，可分组进行小组内的自画像朗读及我喜欢的某件事分享。当所有小组均完成后，催化师可随机抽小组内学员询问他最喜欢什么，也可邀请小组内自画像最像的成员上台给全班分享。

用时预计在 40 分钟内。

好处：每个人勇于展现自己的隐秘区，通过互动加强彼此的了解，增加信任，营造友好、支持的氛围。

案例篇

拉姆·查兰在《领导梯队：全面打造领导力驱动型公司》一书中将领导力分为六个阶段，分别是：从管理自己到管理他人、从管理他人到管理经理人员、从管理经理人员到管理职能部门、从管理职能部门到事业部总经理、从事业部总经理到集团高管、从集团高管到首席执行官。

每个阶段都有不同的职责要求，也有不同的挑战和困难。所以，要想充分发挥每个阶段的领导者的领导能力，必须有针对性地进行内容设计和开发训练。

此外，在VUCA时代，变化随时可能发生，不确定性大幅增加，没有一成不变的领导力；模糊性也增加，未来的很多发展变化无法准确判断，这提高了对领导者的能力要求。

通过梳理过往的案例我们发现，团队学习法更多应用在企业的变革转型阶段，此时企业面临诸多不确定性、模糊性、易变性、复杂性，对于传统的领导力提出了更多更高的新要求。此时应用团队学习法，利用大家的智慧来共同面对这种VUCA情境，共同找出解决办法是最佳路径，个体智慧在这种时候有很大局限性。接下来介绍的场景中包含了转型期不同层级领导者（高层、中层）的领导力重塑、初创期新团队的领导力打造、项目负责人领导力提升以及工厂领导者的领导力进化几个不同部分。

/ 案例3-1 /

中化集团高层领导力研讨会

背景

自2016年以来，中化集团的战略方向和管控模式进行了调整，成立了五大事业部，开展了管理创新工程等，中化集团改革创新的步伐逐步加快。磨刀不误砍柴工，新的团队领军者的领导力水平将成为促进团队整体能力和经营业绩提升的关键基础。因此，2017年3月，中化集团召开了高层领导力培训研讨会。

问题

为何要举办这个主题的研讨会？从另一个角度我们可以进行分析。

根据宁高宁的"五步组合论"理论，在选定团队的一把手后，组建团队和领导力升级是决定成败的关键一步，尤其是在大的组织变革调整后，特别是当主要领导人员发生变化和新的团队需要磨合、融合，团队领导力的水平决定了一个组织的组织能力建设水平。因此，在2016年中化集团发生一系列重大变革之后，举办领导力研讨会势在必行。

设计

这次研讨会的参与者是中化集团各单位的主要负责人及职能部门的主要负责人。举办时间是三天。

这次团队学习研讨会采用了"四诚工作法"来实施，分别是坦诚查问、实诚析因、精诚破障、竭诚达标，如表3-1所示。

表3-1 四诚工作法

四诚工作法	工具	团队产出	个人产出	通关标准
坦诚查问	• 团队列名法 • 冰山分析法 • 犀利提问法	• 团队真正问题澄清	• 个人最大挑战澄清	• 全不全 • 准不准 • 狠不狠 • 心态开不开放
实诚析因	• 六维模型 • 5why法 • 世界咖啡	• 团队问题全方位原因分析		• 全不全 • 深不深 • 强调了内因吗 • 以内因为主吗
精诚破障	• 六维模型 • CSS反馈法	• 团队反思报告 • 团队行为反馈报告	• 个人行为反馈报告	• 前提假设挖出来了吗 • 停止的举措实在不实在
竭诚达标	• CSS反馈法 • 行动计划表	• 解决问题 • 180天行动计划	• 发展计划	• 足够担当吗 • 切实可行吗

在坦诚查问环节，分别按照表面问题、过渡问题和根本问题将大家在领导力和团队管理方面存在的问题进行了归类和整理。很多参与者在这个环节都深刻地意识到，个体的领导力确实存在问题，而且深层次的是自己在意识层面的问题。

在实诚析因环节，用5why工具进行了深入剖析，从而引起大家足够的反思和探讨，并且用六维模型进行统一思想和结构化梳理。

在精诚破障环节，用六维模型和CSS反馈法进行讨论。六维模型从个体和组织两个维度以及三个不同层面进行了剖析，既全面又深刻。

在竭诚达标环节，用到了CSS和行动计划表。大家设定了个人改善提高的方向和具体的行动举措。

效果

在研讨会结束时，宁高宁引用了《大学》里面的一段话："大学之道，在明明德，在亲民，在止于至善。知止而后有定，定而后能静，静而后能安，安而后能虑，虑而后能得。物有本末，事有终始。知所先后，则近道矣。"他说："这个道理对于我们的企业管理太适用了。你想明德于天下就得先治国。'欲治其国者，先齐其家。'我们可以把天下替换成公司；齐家，你可以理解为齐你的团队。'欲齐其家者，先修其身；欲修其身者，先正其心'（价值观、理念、愿景）。'欲正其心者，先诚其意；欲诚其意者，先致其知；致知在格物。'格物就是调查和研究。'物格而后知至，知至而后意诚，意诚而后心正，心正而后身修，身修而后家齐，家齐而后国治，国治而后天下平。'这一圈转下来，非常像我们这三天经历的讨论，把'国'改成公司就可以了。'自天子以至于庶人，壹是皆以修身为本。其本乱而末治者否矣。其所厚者薄，而其所薄者厚，未之有也！'前面做好了后面却没做好，或者前面没做好后面却做好了，都不太可能。"

从这段话中我们可以看出，对于集团高管和各个事业部高管，领导力提升的重点在于提升自我认知，进行自我反思。

关键成功要素

通过对这次研讨会进行总结，我们可以学习到以下内容。

（1）高层领导力提升的研讨，重点在于让领导者主动打开心扉进行自我审视，通过反思自己管理中的不足而改善提高。在实施过程中营造安全的氛围至关重要。

（2）难点在于参与者职位非常高、管理经验非常多，会存在非常坚持自我、爱面子、打不开心扉的现象，这是我们在设计和实施时必须重点考虑的方面。

（3）可以考虑采用那些帮助心智模式改变的工具，如冰山分析法、

5why法以及心智模式分析图等。

/ 案例3-2 /
华润集团高层培训研讨会

背景

随着高层研讨主题的不断深化，华润集团对于战略的理解也不断加深。前三期明确了战略方向、利润中心的发展路径。当这些工作步步推进且达成目标后，集团会探索出什么样的发展道路？为重新检讨华润集团的发展战略，为战略中心提供更加专业和明确的管理模型，明确华润集团经理人的选拔标准，完善补充集团的企业精神、品牌承诺、定位，进一步认识集团总部的核心能力与利润中心的核心能力之间的辩证统一关系，华润集团高层组织开展了第四期高层经理人研讨会。集团及各利润中心管理团队共计28人参加。

结构

（1）8月6～8日：采用体验式的培训方法，全体人员共同研究探讨了三个问题。

- 如何发现问题、提炼问题、抓住主要问题？
- 人的学习过程是怎么回事，学习是如何发生的？
- 如何把有能力的人组织起来进行有效的学习，好领导如何成为好教师？

（2）8月9～12日：按照体验式学习循环理论，练习使用前三天学习的集体研究问题的技术与方法，全体人员分成四个专题小组分别设计、主持以下研讨活动：

- 动态看集团的发展战略。
- 集团经理人的评价标准及方法。
- 集团企业形象的设计。
- 集团核心竞争力的发现与发展。

设计

本次培训分为四个模块：开场导入—团队学习工具方法导入—主题研讨—成果汇报与总结。

开场导入（8月6日上午）：董事长介绍本次培训的背景、目的、日程安排和产出要求。

团队学习工具方法导入（8月6日上午）：主持人为参训人员介绍体验式学习循环理论、集体问题研究的技术与方法等理论知识和工具应用。催化师带领学员参与体验式学习（8月6日下午至8月8日上午）：集团高层团队混编成组，以小组为单位开展体验式学习，组内成员根据自身经验，结合专业知识与工具，按照流程逐渐进行感受与分析、交流，形成小组研讨结果。

主题研讨（8月9日上午）：主持人带领参训人员复习基于体验式学习循环理论的集体问题研究的技术与方法的关键操作点，并要求学员分为四个专题小组展开研讨活动。学员根据理论知识输入，在组内设计研讨流程以完成研讨主题。

成果汇报与总结（8月12日下午）：各组代表分别汇报各自的成果，由主持人对各组汇报的成果进行专业点评，总经理和董事长分别进行整体点评。

董事长做关闭发言，并布置后续行动计划。

成果

（1）集团与一级利润中心的发展战略。

1）利润中心的战略由利润中心制定、战略管理委员会审定、常董会决定。

2）要充分发挥战略管理委员会的执行推动作用。

3）利润中心专业化：根据资本市场的需求、专业化公司发展的阶段性，成熟一个，上市一个。

4）一级利润中心从五个方面制定自己的战略规划。

5）一级利润中心制定战略的程序。通过集团专业化战略委员会的审批→通过集团常董会的批准→批准之后，还需要有个审批机构。审批机构应包括 6S 管理体系、集团专业化评估委员会及一级利润中心根据自己的情况内部建立的评估体系→反馈，反馈到最高委员会，可由一级利润中心自己反馈、6S 管理体系反馈、专业化战略委员会反馈。

6）华润集团战略描述："集团多元化，利润中心专业化"，集团与利润中心之间要有相关性和限度。

7）未来 3～5 年华润集团的组织架构：华润集团处于组织架构最上层，为多元化控股企业。

8）年度预算加入战略内容，战略委员会重新改组，战略指引由企发部来负责。

（2）确定了华润集团经理人选拔培养的标准。

1）选拔经理人的机制。

2）华润集团经理人可量化的评价模型。

3）在归纳总结人力资源研讨会成果的同时，引入"经理人十个重要"内容。

（3）华润集团企业形象管理。

（4）华润集团与利润中心的核心竞争力。

小结

华润集团第四期高层研讨会由高管团队组成的学习小组运用团队学习的工具和方法，对核心问题进行深入检讨和研究，明确了华润集团多元化、利润中心专业化的发展道路，深入研究了集团和利润中心的核心竞争力，确立了华润集团的新形象以及华润集团经理人的 12 项标准。

关键成功要素

（1）前面三期研讨会成果的有效落地建立了良好的基础；彼此也有了充分的信任和共识。

（2）从设计上看，既有导入和输入，又有充分的碰撞和激发；同时给予了较充分的时间进行发酵。

（3）议题的选择非常聚焦，符合企业当期发展需要，与每个参与者的关联度非常高。

/ 案例3-3 /

公司转型期中层骨干的领导力重塑

背景

飞跃行动,是某下属公司在转型期为提升中高层管理能力以更好地应对转型而设计的发展项目,为期两年,30余位中高层领导者全程参加。第一期确定了公司未来发展的战略方向并进行了战略规划分解后半年,战略得到有效执行并取得了很好的成效后,举办了第二期领导力提升研讨会。希望领导者能够调整自己的心态和行为,使自己的职业目标与公司的发展相一致,并带领各自部门的员工积极推动公司新战略的进一步深入落地,实现共振式发展。

调研

研讨前与总经理以及部分参与者做了沟通调研,并进行了现场模拟,对总经理的期望和目标以及相关细节做了确认。通过调研了解到,总经理希望所有中层参与者既能够看清和认可公司未来发展的方向和目标,又能够承担起相应的责任,带领团队坚定不移地往前冲。

过程设计

(1)由总经理破题并提出要求,明确新战略和未来发展目标,这个环节起到了很好的激发和铺垫作用。

(2)正式研讨——首先是战略解码。

通过这个环节让大家统一共识。从最终结果看,1/3的人从自己的业务进行思考,大部分人从公司整体进行思考。

新的战略分别会给我们的组织和个体带来哪些影响?这个问题是之前在调研时提到的,这个部分是用团队列名法进行共创和统一共识。此处还借用了马斯洛的需求层次论。

(3)战略解码结束后就进入个体认知环节。这个部分分成了四个环节来推进。

1）变革风格测评。之所以做这个测评，是让大家对自我的变革特性有充分的认知。公司希望每个人在变革中都能立刻反应和行动，而实际上，受制于不同个性，大家的转变速度是不同的。这个环节有效打开了每个人的未知区或盲区，通过相互交流和反思，大家可以理解为何自己或他人有过这样或那样的行为表现。

2）封面故事。测评后就进入自己的过往经历介绍和分享。每个人思考：自己的职业生涯有哪些高光时刻？然后确定了五个集体分享的故事。这五个故事具有高度一致性：转岗/转型、遇到挑战、成功。这个环节在不经意间营造出安全、勇敢的氛围，同时也刺激大家更好地反思自己未来应该做什么、怎么做。

3）个性测评。接下来是个性测评，进一步帮助参与者探索自己的未知区。通过分区站位和相互交流，每个人都对彼此有了更深的认识，每个形象都更加全面和立体。

4）礼物交换：这个环节主要做的事情是彼此赞美对方。收到赞美就像收到了一份礼物，令人非常开心。在彼此打开和相互支持之后，大家要以一种感恩和欣赏的心态来感谢对方，进一步营造开放、信任的氛围。

（4）最后是制订计划环节。

1）长期目标：长期目标的设定，其实是一个自我审视和深度思考的过程。很多人没有进行过思考，所以耗时会比较多，同时也需要借助一些载体才能够有较好的产出。

2）中短期目标：中期是五年，短期是1~2年。

结束圈：个体依次介绍个人心得和感受，每个人两分钟，总经理最后点评。

总经理对每个人的点评和反馈是非常有价值的，此时大家的状态开放度非常高，信任基础也很牢，总经理从公司的角度和未来的角度，结合每个人的计划给予指导，是帮助每个人更好地进行认知提升，给每个人今后更好地带领自己的团队工作提供了非常大的帮助。

参与者的现场反馈

- 团队合作，氛围影响，看到大家都这么想，个人就更有信心。
- 前面迷茫，现在找到契合点了，思路更清晰，跟着公司一起走。
- 方向不定力是散的，方向明确有合力。
- 以前没敢想 10 年、20 年后的样子，现在能静下来反思。
- 骨干人员对战略有高度认同感，有凝聚力，部门内部团队建设可以与 HR 合作。
- 实现了思想上的改变，有了马上去做的冲动。

关键成功要素

（1）设计方面：重点在于心智模式的转变和新的管理行为的探索。团队内部要形成相互支持、相互欣赏的领导力文化。大家对转型的意义和必要性达成共识，消除个体阻碍，降低不确定性和模糊性；同时在团队中寻找和明确新的价值观与管理行为并形成共识，实现个体的心智模式转变。这样回到工作中才能以更积极的心态带领团队支持公司转型。

（2）实施中必须关注并解决不同个体的认知差异和投入差异问题：不同个体对于研讨的认知和投入差异大，如果没有解决好这方面的问题，整体研讨难以成功。通过过往巅峰时刻的讨论和分享，有效规避了这方面的风险。

（3）战略方向的确定和共识，也为这次研讨奠定了非常好的基础。彼此有了共同交流和探讨的基础。

/ 案例3-4 /

项目负责人领导力提升

背景

在科学至上价值观的要求下，中化集团下属各事业部对战略和业务做了大幅度调整，纷纷上马了一批新项目。如何确保这些项目顺利实施，从而支撑事业部的转型升级，这些项目负责人的表现将起到至关重要的作用。因此，将这些项目的主要负责人以及相关高管组织在一起，商讨如何更好地管理项目、提升项目管理能力。

问题

不同项目负责人对于项目的认知存在差异，项目管理的经验值也差别很大。这些项目在推进中遇到的问题既有共性也有个性，如何确保项目成功从而推进公司转型，项目经理的能力提升将起到至关重要的作用。彼此的启发和相互借鉴也尤为重要。

过程设计

这次研讨会邀请了各个项目的主要负责人和公司领导参加，共计90余人。

首先邀请外部顾问进行了半日的项目管理培训，目的在于建立项目管理的共同认知，帮助大家打开思路和视野，为后续研讨建立基础。培训的内容主要集中在项目的定义、项目经理的角色和职责、项目管理的流程和工具等。

之后就进入正式研讨环节，主要围绕以下几个问题展开了充分讨论。

现有项目取得成功的关键要素。这个部分通过对话的形式展开，采用的是团队教练工具。通过项目负责人的分享，组员给予提炼，最后由项目经理与组员共同确认成功原因。

项目推进过程中遇到的困难和阻碍，以及产生这些困难和阻碍的原因。这个部分通过团队列名法形成小组共识之后，各个项目负责人进行了汇报呈现。他们对项目推进过程中酸甜苦辣的汇报，着实让大家感受到了项目推进的不易和大家的坚韧。

有哪些值得借鉴的项目管理的经验教训？设计这个话题是为了让不同类型的项目彼此相互借鉴，并让今后新项目的开展从起始阶段就少走弯路。最后大家一致认为，领导的支持、前期的科学规划、项目团队的专业和协作是值得借鉴的项目经验。

对前面这几个问题进行了梳理和确认后，就进入了对项目经理角色的讨论。到底项目经理应该具备哪些素质？他的画像是什么样的？这个部分采用了头脑风暴和绘画相结合的方式进行呈现，这种形式极大提升了现场能量，项目经理素质的共识也让现场的项目经理看到了自己努力和完善的方向。

最后一个部分讨论管理机制及举措。通过各个小组的汇总可以看到，大家普遍希望在项目人员专业培训、项目激励机制等方面有所改善。有些小组提到了 PMO 的设立，但是很难达成一致，这个话题就作为会后研究的主题而保留。

为了展现对各个项目组的认可，也为了给各个项目组鼓气，希望项目组成员在项目的推进中继续努力确保项目成功。最后以事业部高管的授旗仪式结束了全部研讨环节。

结果

虽然没有完全聚焦于项目经理本身的能力素质提升，但是对于处于这样一个阶段的这个群体，他们所需要的才是我们最应提供的。现阶段他们需要的就是项目管理的基础知识、项目管理的经验教训以及项目经理的能力素质模型。通过这次讨论，后续几个新项目的负责人纷纷意识到了自己的项目存在的问题，陆续展开了团队学习法的研讨，帮助各自解决项目遇到的问题，切实推进了项目进展。

关键成功要素

（1）设计方面：从项目管理基础共性知识的输入入手，为后续研讨打下基础；再通过个体项目的分享提炼共识性的项目管理经验；最后聚焦于组织层面的机制研讨，层层深入，环环相扣。

（2）这次研讨的话题是所有参加人员高度关联且极为看重的，因此大家的投入度、参与度和贡献度非常高；来的人都是对的人。

（3）使用的工具和流程的安排既有变化又有延续，既有新鲜刺激感又保证了在一定的舒适和熟悉区，始终保证大家有比较高的投入度。

/ 案例3-5 /

工厂管理者领导力提升

背景

中化集团下属化工厂建厂10年，近三年经营业绩大幅改善，人员数量翻番，而且在可预期的未来几年内，还将处于快速发展期，新的项目不断上马。人员数量会持续增加，管理队伍不断扩大，对于领导力的要求也越来越高。

问题

领导者的管理对象突然增加很多，很多领导者几乎没有系统参加过领导力相关的培训，基本是靠个人经验和高层"传帮带"进行管理；领导者平均年龄很轻，以"80后"为主；在工厂发展的紧要关头，高层管理者的领导力水平将会对企业的发展产生重要影响。

过程设计

30余位中高层领导者参加此次研讨，同时邀请了几位高潜对象参加。此次研讨从个体和日常工作展开讨论，确保大家有感受、有贡献、有产出，之后再一点点深入和提炼。

开场：采用互动方式进行现场调研，同时作为开场破冰活动。请大家彼此分享一下自己的管理经历。

然后大家畅谈别人对自己的期望。大家分别从上司、下属、平级的角度提出了自己的观点。大部分人锁定了车间主任这一角色，还有人选择了生产经理。这个环节的产出质量非常高，而且接地气。举例来说，同级的期望是协作、分享经验、换位思考。

通过这个话题的讨论和分享，大家对于管理者的实际角色和职责有了更清晰而全面的认识。

接下来，请学员进行自我评估：做得好以及做得不好的地方现场随机选择了几位学员进行分享，并邀请在现场的高管进行反馈。

之后，通过测评了解大家的管理风格，并按管理风格分组进行讨论：我们这种风格的特点是什么？管理中的注意事项是什么？

最后，邀请工厂高管进行总结发言，结束了此次领导力提升的研讨会。

关键成功要素

（1）核心研讨内容的准确识别：对于工厂管理者而言，领导角色认知和领导风格探索，是其提升的重点内容。研讨会围绕着这个主线进行设计。通过现场的反馈也可以看出，这两个部分的内容对大家帮助很大。在进行管理风格测试和研讨之后，有管理者提到，在之前的工作中对每一位下属他都是以同一种方式，没有想到可以进行"情境领导"。

（2）学员特点的准确把握和有效激发：工厂里的很多领导者较少接受外部培训，他们管理的员工文化素质有限，所以很多领导力理论的讲授未必能起到很好的效果，结合大家的实际情况进行充分讨论碰撞才会起到较好的效果。所以在实际研讨会中理论讲解和研讨穿插进行。

通过以上场景的分析及实际案例的分享，我们发现团队学习法在领导力的提升方面确实可以发挥很大的作用。到底为何团队学习法在领导力提升方面可以发挥作用？这里我们可用乔哈里窗（见图3-4）表述。

在一个团队中，领导者是影响力最大的人。他们应是最公正的选择者，在对人、对事时，有任何的不公正、任何的私利，都会造成团队的失败。领导者必须知道自己是团队的最后责任者，建立团队、培养团队、制定目标、推动目标，包括评价与考核、未来发展，所有这些事情都靠领导者。所以说，领导者本身的素质对于一个团队和组织的成功有着巨大的影响。

宁高宁说，领导力的成功会激发团队的战斗力，但是无法代替战略上的成功。它虽然重要，但是也只是企业管理中的一环，必须与其他要素结合才能更好地发挥作用。团队学习法可以帮助管理者进行自我反思和内在激发，还可以帮助领导者把领导力与战略、业务、创新、商业模式等更好地结合，提升他们的商业敏锐度和综合管理能力。

第 4 章

团队建设

有一个人和你合作,胜过有三个人为你工作。

——艾森豪威尔

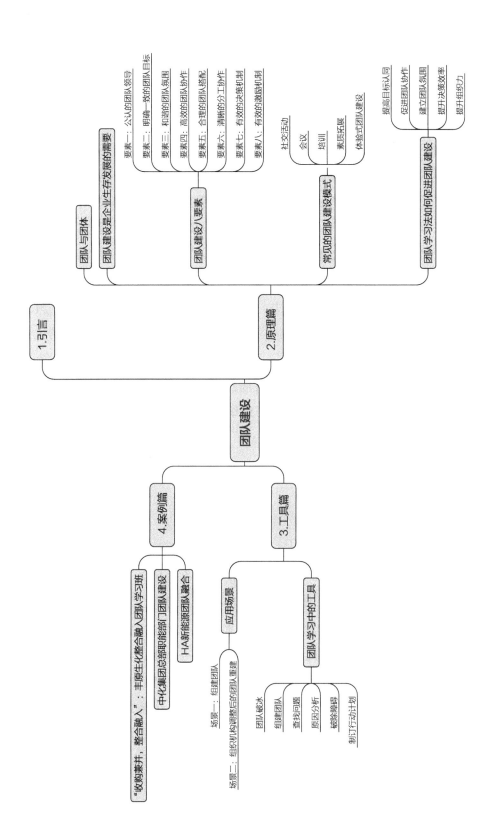

当今世界的科技、经济、文化趋势正在以我们无法预知的速度和方式发生变化，企业的传统竞争优势被颠覆，屹立近百年的大型企业轰然倒下已不是新鲜事儿，谁都无法知道自己的下一个对手来自哪个行业，一切都变得不确定。在这样的环境中，企业想要驾驭这种不确定性必须拥有不断创新的能力，因此企业需要建立一个有效的系统来聚集资源和激发人才。一方面，组织通过投资并购不断延展经营内涵、丰富人员结构，寻求在不同领域整合中的创新机会；另一方面，企业通过组织机构调整、管理模式优化等方式，激发组织中的个体创造和团队协作潜能，提升组织的能力，使组织在市场中获得竞争优势，并在环境发生变化时迅速做出反应。人是企业的基本单位，企业中的人通常组成团队开展工作，因此团队的有效性将直接影响组织的效能。如何建设高绩效的团队、如何快速整合新团队、如何使个人目标与团队目标达成一致，从而促成个体与组织共同成长，团队学习提供了一种敏捷而有效的方式。

原理篇

团体（group）与团队（team）

杰克·韦尔奇说："如果我们没搞清楚什么是团队，就永远也不会真正明白管理的本意。"团队这个词我们并不陌生，不管在生活还是工作中都时常被提到。但实际上，很多人并未真正理解团队的含义，所以在开始本章内容之前，我们有必要厘清一个概念：团队是什么？"团"和"队"是两个不同的概念。"团"指"团体"，社会学中将团体定义为由两个或两个以上互动的个体构成的、个体之间具有稳定的关系和共同的目的，彼此意识到同属一群的集体。也就是说，三五个人也可，成千上万人也行，只要人们因为一个共同目的凑在一起，就形成一个团体。但不是所有团体都能称为团队。那么我们何时身处团体，又何时属于团队？团队不但有"团"还得有"队"，队意味着秩序和规则，也就是说这个团体要有一种协同一致的内在力量，才能推动团体去发挥作用，这种力量就叫作组织力。有了这种组织力，团体就变成了团队。现在管理学中提出了一系列团队的定义，指出了团队区别于团体的几项主要特征。

（1）目标。团队是目标导向的，团队成员共享目标，以团队目标为其行动与决策的中心；团体成员目的相同，但通常拥有不同的个人目标。

（2）责任。团队成员有共同的承诺，共同承担团队失败的责任，也分享团队的成功；团体成员仅对自己的成果负责。

（3）关系。团队成员相互补充、相互依存，不同知识、技能和经验的人形成角色互补，分工明确并彼此交换信息，因此团队成员的个人成功需要依靠团队的其他成员；团体成员可能具有相同或不同的技能、经验，可以相对独立。

人类社会和动物界都广泛存在着团队。人类社会最早的团队可以追溯到共同狩猎的原始人，现代社会中典型的团队是球队，球员拥有共同的目标——赢球，看重的是团队的整体表现，每个球员对比赛结果均承担责任。球员具有相互依存性，每个球员各有技能与专长，彼此协调合作才能成功赢球。动物界中广泛存在的团体常常令人类惊叹：数百只红蚂蚁形成的"救生筏"，创造了横渡亚马孙河的奇迹；被山火包围的蚁群迅速形成大"蚁球"，用外围蚂蚁的牺牲换取蚂蚁部落绝地逢生；雁群相互配合，同心协力利用空气动力使整个雁群抵达目的地。这些动物无法像人类一样用语言和文字制定团队纪律，但这种团队合作的能力与生俱来，也是它们繁衍生存的必需方式。同样，对于现代社会中的企业来说，团队也是持续经营的必然选择。

团队建设是企业生存发展的需要

在企业、政府及学校等正式组织中，团队通常较为狭义地特指工作团队。团队的现代形式起源于 20 世纪 50 年代的工作再设计和社会技术理论，日本企业通过员工的团队合作实现了惊人的价值，帮助日本在 20 世纪六七十年代创造了经济腾飞的奇迹，引起全世界管理学专家对团队管理的关注，团队的概念被正式提出。到了 20 世纪 90 年代，以团队为基础的工作方式已被广泛认可，以团队模式开展工作的企业取得了所有人都没有预料到的深远成果。

团队的概念和实质是在市场竞争下组织不断发展、优化的结果。企业间竞争不激烈时，团队并没有那么重要。改革开放初期，物资相对匮乏，不用打品牌，不用做市场，所有工厂生产出来的商品全部都能卖出去，所有企业都能赚钱，都能生存，团队好坏对企业经营的影响没有人关注。随着大批跟随者进入，"蓝海"迅速转变成"红海"，产品同质化导致价格战，竞争惨烈，企业必须进行更精细的内部管理来提高效率，团队分工协作的作用越来越突显出来，齐心协力、紧密配合的团队能够有效减少内耗，将更多资源投入产品开发及生产，从而以更低的价格为顾客提供更好的服务，最终在竞争中胜出。

时至今日，人类社会的政治、经济及现代科学技术正在以难以预料的速度和幅度发生变化，市场竞争环境日趋复杂，对企业的创新能力、资源整合能力和快速应对变化的能力提出了前所未有的挑战，正如华为创始人任正非所说，企业"只有组织起数十人、数百人、数千人一起奋斗，才能摸得到时代的脚"。复杂的环境产生复杂的工作任务，因此需要多种技能和经验，相比十几年前，企业内部团队的状态对经营的影响被放大数倍。心怀使命、目标一致、相互协作的团队能够不断创造高绩效，推动企业发展；反之，得过且过、各搞各的、一盘散沙的团队给企业带来的必将是灾难。因此，如何建设一支好团队，在企业竞争中占得先机,成为每一位管理者必须重视的管理课题。

团队建设八要素

团队建设是指为了实现团队绩效及产出最大化而进行的一系列结构设计及人员激励等团队优化行为。团队建设的本质是形成一支来之能战、战之能胜的队伍。成功的团队建设应关注以下八个要素。

要素一：公认的团队领导

团队中必须有所有成员都认可的领导者。团队领导是团队的最后责任者,建立团队、培养团队、制定目标、推动目标,包括评价与考核,未来发展,都是靠领导者。人是观念支配的动物,观念变了行为才会发生变化。团队成员只有从思想意识上认同了领导者,才会接受他倡议的行为,团队领导的影响力才能发挥,团队才能团结协作,企业才会变得更好。团队公认的领导者要做好三件事：第一件事是正直,团队的领导者必须以身作则、率先垂范,树立行动的榜样,靠自己的行为赢得团队成员的尊重；第二件事是透明,透明才能公平公正、不存私利,透明团队中的信息传递才顺畅,团队才容易协作；第三件事是不断提升领导力,带领团队获得成功。

要素二：明确一致的团队目标

共同的团队目标是团队的灵魂,是感召全体成员精诚合作的一面旗帜,来自公司的发展方向和团队成员的共同追求,是全体成员奋斗的方向和动力。明确意味着不容易误解,一致意味着认同。这样的团队目标可以让团队成员保持相同的努力方向,形成有效的合力。一个伟大的公司一开始就要有很巨大的目标,这是成功企业的共性。你一定听过一个古老的故事：从前,在一个教堂工地中,有人问三个石匠在做什么,第一个石匠说"我在混口饭吃",第二个石匠一边敲打石块一边说"我在做全国最好的石匠活",第三个石匠眼中带着梦想的光辉仰望天空说"我在建造一所宏伟的大教堂,我要成为一个伟大的建筑师"。这个故事告诉我们,虽然团队目标一样,个人的目标却通常有差异。如果个人目标与团队目标达成一致,整个企业、团队的效率就会提高,个体将被激发出最大的潜能,发挥自己的知识、技能、潜能,努力达成个人目标,同时帮助团队实现目标,个人与团队的关系实现从职业共同体向事业共同体的转变。当个人目标与团队目标不一致时,团队的建设就很难取得突破性、持久性的发展。确定了共同目标以后,还要对目标进行有效管理,包括目标的设置、分解、实施及实现情况检查,才能确保最终达成目标。

要素三:和谐的团队氛围

团队氛围是企业文化、管理水平、凝聚力与战斗力的集中体现。团队氛围决定了团队成员是否享受和投入工作,以及信息是否能够在团队成员间有效传递。和谐的团队氛围不是表面上的一团和气,而是成员间能够相互信任、理解、尊重和支持,能够进行建设性的对话,为各项工作的开展创造"人和"的环境。团队领导者要关注员工的内心需求,包容、欣赏不同员工的特点,激发员工进步,团队才能产生内在的活力和创造性,从而创造出丰硕的成果。

要素四:高效的团队协作

如果说规模、资金、技术、市场占有率、人才这些生产要素可以看成组织的"聪明",那么高效的团队协作就是组织的"健康"。聪明决定组织走多快,而健康决定了组织能够走多远。可以说,"企业最根本的竞争优势既不是来自资本实力、发展战略,也不是来自技术,而是来自团队协作"[一]。2004 年,没有一位一线球星,仅有的几位球队主

[一] 帕特里克·兰西奥尼. 团队协作的五大障碍 [M]. 华颖,译. 北京:中信出版社,2010.

力也只是中游水平的希腊队进入欧洲杯决赛,这支被外界公认最弱的球队通过完美的团队协作最终创造奇迹,捧起了"欧洲杯"的冠军奖杯;而拥有超级豪华阵容的东道主葡萄牙队却败走麦城。这是一个典型的"健康"超越"聪明"的例子。团队协作对企业的发展甚至生存非常重要,然而遗憾的是,现实状况是在大多数企业中,真正的团队协作仍然很难实现。一些很"聪明"的百年企业因为不"健康"、跟不上时代变化而轰然倒地。是它们没有看到社会的变革、技术的革新,没有看到机会吗?诺基亚在智能手机降临前研发出了拥有彩色触摸屏的手机,比 iPhone 的出现整整早了 7 年,但最终因为"健康"问题失去了应对环境变化的能力,最终滑入深渊。

要素五:合理的团队搭配

团队领导者需要精心选择和搭配团队成员,确保团队拥有实现预期目标所需的专业知识和技能。从性格、专业、学历、能力、资历等方面综合考虑,选用理念相同、能够相互支持和补位的团队成员,并思考如何匹配建设好团队的整体架构,这是进行团队分工的基础。没有一个人是完美的,团队就是要让每一位成员最大限度地发挥长处,最大限度地减少弱点。创造一个环境,让团队成员互相帮助,使每个团队成员都能超越自身的局限性、发挥潜能。团队任务的完成必须依赖于所有成员的协同工作,若随意搭配组建,整个团队的战斗力就不会很强。

要素六:清晰的分工协作

分工是为了更好地协作。团队的定位,要回答团队在企业中处于什么位置,团队的工作范围是什么,与工作职责匹配的权限有哪些,团队最终对谁负责。个体的定位,要回答成员在团队中承担什么职责,发挥什么作用。每位成员在团队内应当有明确的职责和任务。针对团队绩效和工作效率的研究发现,当团队成员有明确的分工时,既能发挥自身的技能和专业知识，实现自身的价值，同时又相互依赖，那么团队成员就会很努力地工作，效率更高。

要素七：有效的决策机制

决策是管理者识别并解决问题以及利用机会的过程。管理就是由一系列决策组成的。决策决定了团队如何行动，决策的质量会影响团队的绩效甚至组织的生死存亡，因此有效决策至关重要，世界上所有企业的破产，超过 80% 是由决策失误造成的。团队采取哪种决策方式应基于对团队现状的清晰认识并与团队目标保持一致。不管是指定决策人、投票还是团队达成共识，明确的规则将使团队决策更为有效。

要素八：有效的激励机制

哈佛大学的研究表明，科学有效的激励机制可以使员工潜能的发挥程度提升 3~4 倍，因此在团队中建立起有效的激励机制对团队建设至关重要。一谈激励我们就容易想到金钱，但其实人的需求是多层次、多方面的，除了有物质性的需求也有非物质性的需求，因此激励也要满足人的不同需求，物质和非物质激励并重。实际上，非物质激励和物质激励对企业绩效（如利润、顾客服务）长时间的影响是同等重要的[一]。对组织的认同感和归属感会激发员工的工作内驱力，工作自主性能够激发员工的创造力和主动性，当员工感受到来自组织的关心、支持和认同时，会受到鼓舞和激励，从而有更好的工作表现，信任和承诺也对绩效提高有直接的作用[二]。同时，为了增强团队成员对团队整体绩效的关注，促进团队合作，通常企业中还会同时设置团队绩效和

[一] Peterson S J, Luthans F. The Impact of Financial and Nonfinancial Incentive on Business-unit Outcomes over Time [J]. Journal of App lied Psychology, 2006, (1)：156-165.

[二] Jane Cote, Claire K. Latham. Trust and Commitment: Intangible Drivers and Interorganizational Performace [J]. Advances in Management Accounting, 2006, (15): 293-325.

个人绩效，分别给予合适的鼓励。

常见的团队建设模式

团队建设的重要性毋庸置疑，因此大部分企业都非常重视团队建设。但是，团队建设从本质上说是对团队所有成员的主、客观世界进行重塑的过程，因此注定不可能一帆风顺。学者和企业中的专业人士对如何通过团队建设提升组织的有效性进行了很多研究和实践，随着社会的发展，团队建设的方式也在不断演变。

（1）社交活动。社交式团队建设是最早、最常见的团队建设模式，包括聚餐、唱歌、运动、游戏等，简单易行、参与度高，因此一直颇受欢迎。

（2）会议。会议是最正式的团队建设方式。团队领导召集团队成员坐在一起，传递和讨论企业文化、团队目标及管理规则等，以增强团队成员对企业的认同。

（3）培训。培训在团队建设中的作用体现在两方面：一方面，通过知识技能的传递提高团队的思维及经营技能，帮助团队成员更好地胜任工作，提升团队的战斗力；另一方面，组建培训小组，使团队成员通过共同参与学习活动进行频繁互动及思想交流，增进团队成员之间的相互了解及认同。

（4）素质拓展。团队成员需要一起完成一些团队任务，这些任务通常有一定难度，需要团队成员配合完成。通过激发团队的潜力来激发团队的士气和荣誉感，树立团队精神，同时通过协作互助加深团队成员之前的情感连接，促进团队融合。

（5）体验式团队建设。体验式团队建设是一种新兴的团队建设方式，这种方式更加注重团队成员的参与性、亲历性，注重过程的内涵及自我发现，拓展团队成员的心灵空间，同时加强团队的凝聚力，达到成员与团队之间的融合。旅行式团队建设是体验式团队建设的一种形式，旨在通过旅行过程中的共同经历提高团队成员的自身素质与团队协作能力。

上述几种团队建设方法侧重点不同，但都可以在一定程度上促进团队建设，在企业中都有较为广泛的应用。社交式团队建设的优势在于简便易行、参与度高，缺点在于完全脱离工作环境，效果无法有效迁移；会议与培训方式的优势在于与企业的经营实践结合得较为紧密，但基本上是"我说你听"，团队成员的参与感和体验感不足，对提振团队士气和增强凝聚力的作用有限；素质拓展与体验式团队建设摆脱了"我说你听"，而是模拟一个团队合作的场景，团队成员参与感强、印象深刻，缺点是脱离了企业日常的经营场景，提升团队士气的效果不持久，对实际工作的推动作用不明显。

各种方式特点的比较，如表 4-1 所示。

表 4-1 各种方式特点的比较

	特点	促进工作的效果
社交活动	• 成员参与度高 • 非结构化 • 完全脱离工作场景	较差，效果持续时间短
会议	• 成员参与度低 • 中等结构化 • 真实的日常工作场景	一般，效果持续时间中等
培训	• 成员参与度较高 • 结构化 • 日常工作场景关联度中等	较好，效果持续时间中等
素质拓展	• 成员参与度高 • 结构化 • 日常工作场景关联度低	较差，效果持续时间短
体验式团队建设	• 成员参与度高 • 中等结构化 • 日常工作场景关联度低	较差，效果持续时间较长

团队学习法如何促进团队建设

与其他团队建设方式相比，团队学习法在促进工作方面具有显著优势，与工作场景结合密切，现场能得到工作成果，并且能够在相当长的时间内发挥效用。团队学习本身即是一个团队建设的过程。不同背景的成员组成小组，在遵循结构化的流程及方法，共同解决企业面临的真实难题的过程中，团队成员打破隔阂建立信任、坦诚交流、进行多元视角的思想碰撞及反思，打破旧的思维模式，建立新范式。这一新范式使团队的绩效大幅提升，团队学习释放出团队智慧，团队成员各自发挥优势，对团队目标达成共识，制订行动计划并付诸实施。

团队学习在行动学习的基础上，结合国有企业的特点和企业经营实践进行了本土化改造。作为一种工作方法，团队学习可以应用于企业经营管理的各个层面。在团队建设层面，团队学习法主要通过以下几方面发挥作用。

通过共同投入与分担，提高团队成员对团队目标的认同

"唯有参与，才会认同"，参与和知情让人们对所做的事情更感兴趣，也更加投入。在团队学习中，团队成员共同参与到团队目标的制定中，了解目标产生的背景和过程，同时每个人在表达意见时都会不自觉地把个人目标掺杂其中，增加了个人目标与团队目标的一致性，从而增加对目标的认同。另外，团队学习中通常会通过行动计划的方式将目标拆分落实到个人，实现了个人目标与团队目标的整合与互动。

通过打通信息传递路径，促进团队融合与协作

马克斯·韦伯定义的科层制在工业时代帮助企业极大地提升了效率，但从科层制诞生的第一天起，也伴生了弊端——专业化分工所导致的"部门墙""团队墙""岗位墙"林立，纵向管理层级的增加不断

增加"天花板和地板",组织被分割成一个个"小格子",尤其在大型企业中更为严重,人们只关心自己所在的"小格子",信息传递不畅,员工相互抱怨指责,极大地阻碍了团队协作。

华润集团、中粮集团、中化集团都是多元化企业,有多条业务主线,不同级别、不同业务、不同地域的人普遍缺乏沟通,因为国有企业特有的文化,组织中级别较低的人通常不容易也不会跟高级别的领导产生深入对话,甚至见面都很少。这除了文化的原因,还有心理上的因素,下级往往报喜不报忧,或者通常对领导的意见表示服从而不是探讨,很多高层领导听到的都是过滤后的信息,因此无法了解到客户真实的需求,做出正确判断。同样,对于低级别的人来说,得到的也是经过层层传递后衰减或修改的信息,从而损害了团队的执行力。

团队学习直接穿透了这些隔断,在成员间开启一种新的对话模式,让通常不会打交道的人坐在一起交流彼此的工作、学习如何一起讨论和解决问题,甚至一起将想法变成行动,并教会人们如何积极地交谈。帕特里克·兰西奥尼将企业不能实现良好团队协作的原因总结为五个方面:缺乏信任、惧怕冲突、欠缺投入、逃避责任和无视结果。"这五大障碍共同形成一个模式,每一项都可能成为企业团队的致命杀手。"⊖这五大障碍的根本模式就是由信息传递不畅所致,团队学习通过在成员之间建立信任和对话,并通过打通建立起畅通的信息模式,从而提升团队协作。

开放、安全的场域和积极争论,建立健康和谐的团队氛围

什么是健康的团队氛围?如果团队表面上一团和气、绝不争论,反而说明团队氛围是不健康的,人们隐藏自己真实的意见和想法,是一种虚假的和谐,如果当面不说,就会在背后攻击。冲突在很多情况下被视为禁忌,但其实建设性的冲突反而有利于建立团队成员间积极

⊖ 帕特里克·兰西奥尼. 团队协作的五大障碍[M]. 华颖,译. 北京:中信出版社,2010.

的互动关系。团队学习在两个方面可以促进健康的团队氛围的建立。第一是团队活动。团队学习非常注重为团队成员创造开放、安全的场域，通常会在每个单元安排一些团队活动，包括团队热身及团队分享等，在团队成员之间建立信任和积极的互动。第二是创造建设性冲突和争论的机会。团队学习鼓励每位成员充分表达自己的意见和看法，鼓励积极的争论，甚至有意提供争议性话题引发大家争论，并引导大家一起解决问题。有经验的催化师可以及时观察到团队的动态，在争论陷入胶着时提醒和鼓励团队成员这种争论很有必要。团队学习中的建设性冲突可以让团队成员体验到建设性的争论和冲突的价值，其实是有助于建立团队内的开放氛围及更快地解决问题，从而使团队成员更愿意在真实团队中继续保持开放，表达更多意见。

提升团队决策的效率和质量

团队学习法特别适用于国有企业，当然其他类型的企业也可以用。国有企业有个特点，就是重要的事项需要领导团队进行集体决策，团队学习可以显著提升决策的效率和质量。如果采取传统会议模式，集团开了事业部开，事业部开了BU开，再一层层汇报讨论，又开一轮，周期拖得很长。在层层传递信息的过程中，信息多次被修改和衰减，因为掌握的信息不对称，最终做出的决策可能也会出现偏离。传统会议还容易出现的一个问题是领导容易成为"大嗓门"，领导一说话，其他人就都不说话了，有意见也不表达了，问题没有被充分讨论，最终还是领导一个人决策，但是这样的决策执行起来可能就会有问题。再英明的决策，如果不能被理解或者被理解错了，向下传递就会出现偏差，基层最终执行起来就会打折扣甚至出现方向错误。

拓展个人及团队的边界，赋能团队，提升组织力

团队学习法是一种工作方式，也是一种打破边界的文化。在团队学习中，更多的利益相关者被加入进来，人们有机会接触平常无法接触的人和信息，可以站在更高的位置考虑问题、用更开放的心态看待问题、从多元角度解决问题。在企业中全面应用团队学习法，实际上就打破了传统模式，个人和团队的边界可以被无限延伸。我们甚至可以将供应商和客户也邀请过来一起参加团队学习，链接更多的外部资源，共同推动价值链建设，实现共赢。团队学习可以为企业提供平台和载体，去聚集更多的资源和人才，不断扩大企业的边界，只有获得了这种自我创新和建设的能力，企业才能应对环境的变化，驾驭甚至引领时代的发展。

方法工具篇

团队学习法应用于团队建设的典型场景

下面，我们结合团队学习法在几个团队建设场景的应用具体来看团队学习法如何促进团队建设。

场景一：组建团队

集合多年的企业管理实践及管理思想，执掌过三家大型央企的宁高宁提炼出企业管理的五步组合论："选经理人""组建队伍""制定战略""形成核心竞争力""价值创造与评价"，阐释了企业内部各个管理环节、各个元素间的逻辑关系。

企业经理人确定后，面临的第一项任务和考验就是组建团队。领导者根据个人的意志把企业凝聚起来，设置组织架构，把新招募的团队或者之前的团队成员集合起来，按照每个人的特点把他们放在合适的位置上，匹配团队成员的背景、经验、技能，使成员能够互为补充；制定员工评价激励机制，培训和发展员工，建立企业文化及内部监管机制等，建立一个积极、执行力强、有创造力的团队。现实中，很多企业走到这一步就出现了问题，导致后面出现一系列问题。

国有企业中喜欢用"搭班子"形象地表示组建领导团队。班子搭得好不好，决定了一个团队乃至一个企业的生命力。若高层之间不团结，面和心不和甚至出现内讧，员工必然会站队，大家都忙于划线圈地，企业利益就被放在个人利益之后，企业的经营、管理以及企业文化就无从谈起。

2016年，宁高宁执掌中化集团，当年5月，组织公司的高层管理团队包括重要业务及职能的主要负责人共计80余人，开展了中化的第一场团队学习，探讨集团公司各业务板块以及整体的发展战略，推动公司实现健康、可持续发展。

这是一次全新的体验，高管被要求不穿正装而穿着休闲服出席，同时要带来当下企业中存在的十大核心问题。他们进入会场的时候看到墙面上已经贴好几块五颜六色的布，紧接着他们被要求把手机集中放在指定位置，互相直呼其名不得称"总"。研讨开始后，每个人分到了一摞A5大小的纸和马克笔，要求写下企业中存在的十大核心问题，大声念出来并分类贴到墙上的布上，然后大家开始讨论每一个问题，找出哪些更为核心，最终全体与会人员选出了业务经营、集团管理中的十大核心问题。简直令人难以相信，短短一个下午就达成了一致，要是召开会议，估计还在相互争论中吧。第二天，高管学习了"五步组合论""分水岭理论""战略思考十步法"，针对找出来的核心问题，结合自身能力和未来发展环境进行分析，按照"战略思考十步法"的系统框架，讨论并提出业务发展战略（包括业务定位、战略目标、竞争策略、实施路径、实施单位、实施计划等）及集团整体发展战略，并对实施路径、责任单位、实施计划等提出建议。最后，研讨成果向全体成员发布，集团领导进行总结。

应用要点

（1）组建团队主题通常是在组织结构发生比较大的变化，团队成员尤其是主要领导发生变化的情况下，为了凝聚团队而进行的团队学习。此次战略研讨会没有以组建团队为主题，而是以战略为切入点，由各级高管团队共同寻找企业未来发展的方向和实施路径，每个人的个人动机都被加入团队目标中，个人目标与团队目标达成最大限度的协同。

（2）经理人将自己的管理思想巧妙地作为研讨背景和工具嵌入流程中，完成管理思想的传递，确立影响力。

（3）准备工作充分。这是中化集团的第一次团队学习，集团战略管理部和中化管理学院在接到任务后，与宁高宁进行了多次沟通，明确需求与期望，对研讨流程进行探讨打磨，向华润集团、中粮集团学习团队学习法的方法及经验。工作团队对每一个细节反复演练推敲，确保每一个环节万无一失。

（4）量身定制研讨规则。高管在日常工作中，因为所处的地位及工作需要，是比较威严内敛的。为了让大家能够摆脱身份的束缚，以开放、平等的心态和状态投入到研讨中，研讨规则的设计上花费了比较大的心思，特别设计了穿休闲服、不叫"总"、手机"停机坪"、每个人承担团队角色等规则。

（5）先导培训。研讨开始前，对每组组长及组内催化师进行研讨工具的培训，确保小组讨论能够按照要求顺畅进行。事实证明，这一安排起到了非常大的作用。

场景二：组织机构调整后的团队重建

为了进一步贴近市场，"让听见炮声的人呼唤炮火"，2016年年底，中化集团启动全面组织机构调整，明确"小总部、大中心"模式，集团从运营管控转变为投资战略管控，成立五大事业部，总部职能部门从20个缩减为9个，职责重新定位，权力下放、减员瘦身。集团总部提出要"打造精干高效、价值创造型职能总部",重燃激情、主动变革、服务一线、创造价值。为了让总部团队理解、接受和适应新的工作模式,迅速重新融合为一个战斗力强的团队,中化集团召开了此次团队学习研讨会。

此次团队学习仍然采用"四诚工作法",学员按照 6S 管理体系分成 6 个小组。催化师前期对部分参与学员进行了调研,发现组织机构调整后的震荡对大家的心理产生了很大影响,身边的同事纷纷离开公司或者去了经营单位,很多原来需要审批的事现在不用审批了,一件事到底该由谁管已经扯皮了 3 天,管少了是推卸责任,管多了是不放权,很多人觉得失落、迷茫,不知道自己现在的岗位还有没有存在的价值,也不知道未来会是什么样,"低气压"笼罩着整个职能部门所在的楼层。因此在设计流程的时候特别设计了一个环节,让大家提前把现在总部职能部门存在的问题列出来带到现场。

研讨破冰环节选用了自画像。因为所有参与研讨的人都相互认识,自画像可以引发大家较为深入地自我觉察和自我暴露,可以快速加深团队成员之间的关系,也很契合查问题、找定位的主题。

研讨开始后,查找问题的环节果然迅速变成了吐槽大会,每个人都带了一摞问题过来,吐槽自己,也抱怨别人,一时间,会场里人声鼎沸。催化师没有按照团队学习的惯常做法严格控制每个部分的时间,而是让大家进行充分交流讨论,把情绪全部释放出来。说完了,平静下来,大家再坐下来把问题归类,逐一分析问题背后真正的原因,识别组织变革障碍及团队心智模式障碍。最后,团队制订了行动计划,学员制订了个人发展计划。基于本次研讨的主题,各个环节都应用了基于杨三角理论发展出来的六维模型,从员工和团队两个维度,分别从能力、思维、机制三方面进行分析,重新唤醒组织力。通过此次研讨,团队成员对"打造世界一流的投资控股集团总部"的总部定位有了具象的认识，明确了自身价值和努力方向；确立"一个团队一个目标"的理念，打破"部门墙"；共创总部团队的"Do-Stop"行为准则，明确集团职能人员倡导什么行为和反对什么行为。"我们要做：永葆激情、协作共享、包容互信、客户导向；我们要停止做：推诿扯皮、抱怨指责、本位主义、低效无效。"研讨结束后，职能工作的目标、行为准则被带回各个团队传递给每位员工，中化管理学院为每位团队成员制作了印有行为准则的鼠标垫。重新确立了目标，团队融合加强，总部职能部门恢复了井然有序的局面。

应用要点

（1）除了充分理解会议发起人的需求，对学员的了解也必不可少；

（2）创造一个安全、开放的环境，帮助学员完全释放情绪后再开始主题研讨。

使用团队研讨工具可以有效提高团队学习的效率与质量，为便于理解，下文按照四诚工作法的结构说明团队建设、团队学习中的部分常用工具，具体操作方法可以在第 12 章找到。

团队破冰

在让人们开始提出想法之前，通常会先进行一个热身活动。研讨会正式开始之前的第一个热身活动，我们称之为破冰，顾名思义，目的是打破人与人之间的隔阂。人们进入一个新的场所（即使是熟悉的场地也会因为研讨会被重新布置），跟不熟悉的人一起工作，通常会感到紧张和有压力，这种紧张使我们的脸部肌肉僵硬，从而让整个房间的场域变得凝固和紧张。此时，进行一个轻松而热闹的小活动可以让房间热闹起来，空气重新流动，紧张的压力被释放，肌肉放松，笑容出现。破冰活动可以为团队成员提供一个快速熟悉的机会，为接下来的活动做好准备。

在中化集团高层领导力培训研讨会中，破冰活动要求以组为单位，每个人只用一根食指一起将一根长杆托住并保持水平，然后小组一起将长杆从齐胸的位置水平平移到地面，大家一开始觉得这个任务完全没有难度，但是在运送过程，发现众人的力量和速度很难协调一致，极易出现掉杆、斜杆或者犯规而重新开始。大家在该过程中体会到领导者需要放下预设，更多地同理别人，人们总是以为其他人跟自己的认知水平是一样的，这种判断会妨碍团队协作，从而引入后续研讨话题。

有两个活动对团队建设非常有帮助，我们在大型团队中经常使用。一个活动叫找相同，预先列一些中性的问题设定一张问卷，如家乡、属相、加入公司的时间等，请学员找到符合问卷条件的人并签名，帮助成员迅速与团队中的成员建立连接。我们总是倾向于相信与自己有共同点的人，这个小环节可以在团队成员间建立信任。另一个活动是自画像，适用于团队成员有一定熟悉度的情况。每个成员提前写一篇关于自己的小文章，随机抽取读出，让大家猜是谁，团队成员会发现彼此不熟悉的一面，加深了彼此的了解和融入。如果人员较多，可分组进行。

团队学习研讨中一般会安排好几个团队热身活动，使团队氛围始终维持在积极、开放的状态，催化师觉得团队能量需要提升时，也可以临时插入小的团队活动，以帮助大家更好地投入讨论。有很多练习可以用于团队学习中，选择时参考以下标准：帮助团队成员迅速熟悉（破冰），能让团队成员共同参与，可以提升团队动力，有利于建立开放的氛围，能启发有关研讨主题的想法，最好不占用过多时间。

通过团队热身，团队的整体信任度得到提升，情绪开放，准备开启更深层次的讨论。

组建团队

团队学习通常以小组形式进行。热身活动后，各小组需要正式组建学习团队，拟定本组的队名、口号，设计小组的造型及队徽，在组内分配角色，明确每个人的定位和职责；然后向参与团队学习的所有人介绍本小组成员在团队学习中的角色，有如下角色。

- 组长
- 发言人
- 书记员
- 计时员
- 语录员
- 板书员
- 拉票员
- 组秘

各个角色的详细说明可参见第 12 章。

组建团队环节旨在增强成员对团队的认同感和归属感，团队角色设置模拟了真实工作场景中的岗位分工，目的是确保团队成员都能够积极投入研讨活动并与团队成员合作，尤其在高层管理团队建设中这一点尤其重要，因为他们在日常工作中几乎很难有这样的机会。

坦诚查问（查找问题）

团队学习发起者或委托他人对团队学习的主题进行说明后，催化师带领大家正式开始团队学习研讨。首先要找问题，这个环节经常使用的方法是团队列名。小组成员各自独立进行头脑风暴，我们也曾使用漫游挂图的方式在短时间内激发大量想法，但头脑风暴无疑是最容易使用的。团队成员根据催化师给出的主题，把自己能想到的问题、机会或可能性（取决于主题）全部列出来，然后与小组成员分享想法并展示在墙上，类似的想法放在一起，鼓励在别人的想法上提出新的想法，而不是评价和批评别人的想法。所有人的想法都展示完后，小组把所有想法进行归类，然后讨论每一类想法并进行排序。

有时候我们需要对下一步要聚焦的内容进行排序，收益难易矩阵（见图 4-1）是一个简单有效的工具，根据实施难度和收益高低两个维度对每一个项目进行评估，对不同的项目采取不同的行动方案。

		收益	
		低	高
难易	易	第三优先	最优先
	难	最后	第二优先

图 4-1　收益难易矩阵

实诚析因（原因分析）

在接触团队学习法之后，我们发现大多数人的习惯是看到问题先想解决方案，而不去分析背后的原因。工作中我们每天要处理的工作不知凡几，看到问题后及时解决问题是最具执行力的方式，但缺少了对现象背后原因的探究，执行力越强离问题解决就越远。冰山分析、鱼骨图和丰田的 5why 法是常用来进行原因分析的方法。在职能部门团队建设的团队学习中，我们使用了 5why。5why 也被称作 5 个"为什么"分析，顾名思义就是问 5 次"为什么"，是一种诊断性技术，被用来识别和说明因果关系链，这种方法的根源会引起恰当地定义问题。不断询问为什么前一个事件会发生，直到回答"没有好的理由"或直到一个新的故障模式被发现时才停止提问。这里的"5"并不是固定的,可能只需要 1 个,也可能问了 10 个仍然没有找到问题的根源,这取决于我们是否找到了最终的原因。在找到根本原因之后,我们还需要再问几个问题来验证它:我能通过处理这个原因来防止问题的再发生吗?问题与原因能通过"因此"检验了吗?如果我再问"为什么"会进入另一个问题吗?5why 不但是一个工具,更是一种寻根究底的精神,在日常工作中建立凡事多问几个"为什么"的思维方式,有助于我们对工作任务建立更深层次的理解,从而避免工作浮于表面,防止问题重演。

精诚破障(破除障碍)

在对问题进行了澄清和深入剖析后,团队进入破除障碍环节。这个环节常用的工具有杨三角六维模型和 CSS。

杨三角理论由杨国安教授提出,他认为企业能否实现持续成功由两个因素决定:

$$持续成功 = 战略 \times 组织能力$$ [一]

这两个因素之间是相乘关系,若其中一项不行,结果就等于 0。创业初期,战略更为重要,把握住趋势和方向,借风而上,但是在风停下来之前一定打造出企业的组织能力,否则会摔得很惨。组织能力是一个组织发挥的整体战斗力,体现在从产品开发到营销再到生产的所有组织活动中,组织能力帮助企业在与竞争对手投入相同的情况下,能够以更高的生产效率或质量将生产要素投入转化为产品或服务。因此组织能力是一个组织竞争力的来源和 DNA。

打造支持战略实施的组织能力有三个维度:员工能力、员工思维和员工治理。员工能力解决会不会的问题,员工的知识技能是否能做

[一] 杨国安. 组织能力的杨三角:企业持续成功的秘诀 [M]. 2 版. 北京:机械工业出版社,2015.

出与组织能力匹配的行为;员工思维解决愿不愿意的问题,员工关心、重视、追求的事是否与组织目标一致;员工治理解决允不允许的问题,组织能够提供支持机制和资源,容许个人发挥所长。

在杨三角理论的基础上,我们拓展了员工个人和团队两个维度,提出六维分析法工具(见表4-2)。这个工具的应用非常广泛,很容易与其他工具结合使用,在总部职能部门团队建设的研讨中,坦诚查问、实诚析因和精诚破障、竭诚达标这几个环节都使用了这个工具。

表4-2　六维分析法工具

	员工个人	团队
会不会	培训、学习、轮岗	人才引入
想不想	个人职业发展目标	激动人心的团队目标
能不能	明晰岗位职责	制度、流程、组织架构、岗位设置

团队成员"会不会"主要是员工技能和人才结构方面的问题,考验管理者的基本功;"想不想"是企业文化方面的问题,解决员工"想不想"的问题,要从企业的愿景、使命、价值观以及绩效考核、激励方面的措施入手;解决"能不能"的问题需要从组织机构、与之对应的管控模式和业务流程等方面入手,这些理不顺,员工有意愿也没有办法。

竭诚达标(制订行动计划)

在经过1~2天烧脑的研讨后,问题被发现、澄清、分析,解决问题的障碍被破除,但会议尚未结束,学习小组需要在最后一天上午汇报本组的研讨成果,与大家分享团队学习过程中的反思与感悟。小组成员利用汇报前一天的晚上时间制订行动计划来落实研讨结果,明确阶段性目标和工作标准,指定责任人,并商定后续跟踪和检验的节点与方式。这些计划也将向全体成员展示,以便所有人都能了解其他小组未来的安排。汇报结束后，会议发起者对整个团队学习过程进行回顾，表彰会议中表现出色的小组，并宣布会议结束。

案例篇

/ 案例4-1 /

中化集团2016年战略研讨会

参见第5章。

/ 案例4-2 /

"收购兼并，整合融入"：丰原生化整合融入团队学习班

背景

  2006年，中粮集团成为丰原生化的第一大股东。丰原生化是中国生化领域涉足农产品深加工的大型骨干企业、国家级农业产业化龙头企业，公司利用"低温液化，清液发酵"专利技术和世界领先的工艺设备，对玉米等农副产品进行精深加工，当时已形成年加工玉米近300万吨的生产能力，产品主要有燃料乙醇、柠檬酸、L-乳酸、环氧乙烷、氨基酸、玉米蛋白粉和渣皮饲料等系列产品。丰原生化对于粮油板块、生化能源行业的发展具有重要的战略意义。为了使丰原生化融入中粮集团的管理体系，帮助其更快更好地发展，在集团董事长的直接指导下，集团相关多部门联合策划，组建丰原生化专题团队学习项目小组，并对项目进行实地调研、收集情况、研讨交流、设计会议、制订方案、准备课件和筹备会议等。董事长多次召集会议，听取情况汇报并指导相关准备工作。

问题

  本次研讨以解决丰原生化发展中的问题为切入点，按照坦诚查问、实诚析因、精诚破障、竭诚达标的步骤，导入了中粮集团的工作方法、解决问题六步法，有针对性地进行了战略、财务、投资和运营分析，

分享和交流了最佳管理实践。

过程

（1）选人。中粮集团董事长、总裁，办公厅、战略部、财务部、人力资源部及相关业务单位与部门，共38人参与。

（2）时间：2007年2月6~11日。

（3）角色。集团董事长与总裁担任催化师。

（4）流程。

1）热身活动。激情99秒拓展训练，全体成员在99秒内完成四项极限任务，挑战团队成员的协作极限，任何失误都将导致任务失败。

2）导入。由董事长做开班讲话，向与会人员讲述中粮集团的过去、现在和未来，以及丰原生化的基本情况；催化师讲解团队学习的工具方法并进行简单演练。

3）查问题。团队成员用团队列名法查找丰原生化存在的问题，各组汇报研讨成果，董事长点评和催化。

4）经营情况分析。导入丰原生化及中粮集团相关业务的经营情况，包括：

a. 丰原生化经营状况的财务分析。

b. 丰原生化经营状况的投资风险。

c. 中粮集团生化能源的发展战略。

d. 玉米原料市场和协同构想。

e. 生化能源（肇东）公司的运营管理情况。

通过归纳总结，聚焦亟待解决的重大问题，汇报研讨成果，丰原生化总经理点评和催化。

5）研讨结果汇报，集团总裁进行点评和催化。

6）关闭：总经理汇报团队学习的研讨内容和成果，解决方案和后续工作计划，董事长进行大会的整体总结和关闭会议。

（5）成果。

1）查找出47个主要问题，聚焦归纳为六大类问题。

2）寻找主要症结，制订了解决方案，提出了下一步工作思路和工作重点。

3）增进中粮集团与丰原生化在业务和人员上的相互了解。

4）传递分析、解决问题的团队学习方法，培养系统思维，推动丰原生化下一步工作的深入开展。

关键成功要素

（1）前期做大量调研铺垫。

（2）以查找业务问题为切入点，并购会对企业员工的心理产生比较大的影响，如果进行强势的文化整合可能会引起抵触，因此从业务入手，通过团队学习的方法自然导入管理理念。

后记

此次团队学习在丰原生化团队中产生了重要的影响，作为本次团队学习的继续和深化，丰原生化运用团队学习的方法，举办了发展战略专题的团队学习。团队学习中运用了战略思考十步法、解决问题六步法、头脑风暴法、团队列名法等方法和工具，围绕公司战略和组织机构进行了深入研讨，分析存在的问题，提出了解决意见，形成了丰硕的会议成果。

（1）明确了丰原生化的愿景和使命。

（2）基本确定了丰原生化的发展战略和产品发展规划。

（3）初步拟定了公司新的组织机构。

（4）对激励机制和制约生产的技术瓶颈问题进行了深入讨论，提出了建设性的意见。

（5）宣导了中粮集团的团队学习理念和方法，掌握了团队研讨的方法和工具，为后续通过团队学习推动工作奠定了基础。

/ 案例4-3 /

中化集团总部职能团队建设

背景

2016年年底，中化集团启动组织机构调整，明确"小总部、大中心"模式，优化、重塑职能部门功能，总部职能部门从20个缩减为9

个，把 86 项运营类的权力下放到事业部，减员分流近百人。董事长宁高宁要求新的职能部门必须注入新的文化理念，要转变观念、重塑管理职能，要与业务部门共同解决问题、共同完成任务，要真正面对市场，减少权力、权威意识；要将旧有的"等着来管理"的职能部门转变为"我来支持你，一起来想办法求发展"的职能部门。职能部门要和集团的事业部、业务的业绩表现相联系，如果业绩不好，职能部门也会受到影响。

问题

组织机构调整后，从总部集权到授权放权，从经营管控到服务一线，总部职能部门面临从定位到角色的全面转变。集团总部各职能部门的负责人通过团队学习，提出要"打造精干高效、价值创造型职能总部"，重燃激情、主动变革、服务一线、创造价值。在此基础上，如何让团队成员理解、接受团队目标并为之努力，总部职能部门如何迅速重新融合为一个战斗力强的团队，催生了此次团队学习。

过程

（1）选人。为聚焦团队、凝聚"一个团队一个目标"共识、做好总部职能团队建设，从而推进管理创新工程和 6S 管理体系建设，集团总裁提议，集团职能部门副总监、二级部门总经理总计 53 人开展团队学习。

（2）时间。组织机构调整后，集团花了 2 个月时间进行管理界面的区分、流程的梳理及人员安置，新组织机构完成初步磨合。2017 年 3 月集团召开高层领导力研讨会，提出职能部门定位的初步设想，次月，为进一步落地 3 月研讨会中的行动计划，召开总部职能部门团队建设研讨会。

（3）角色。集团总裁担任总教练，集团副总裁担任主教练，集团创新管理学院院长助理担任催化师。

（4）流程。此次团队学习仍然采用"四诚工作法"，学员按照 6S 管理体系分成 6 个小组。

1）团队破冰。

2）中化集团董事长宁高宁、总裁张伟就集团总部应承担的职责、

6S 管理体系建设等议题现场授课。

3）坦诚查问。

"你认为目前集团总部职能部门存在什么问题？"对于团队学习研讨会前按惯例布置的思考题，参会的职能部门人员带来了答案。

- 这次机构改革，总部人员减少之后工作并没有明显减少，几乎所有人都在超负荷运转。有一个明显的感觉：总部职能部门的人特别难找，打座机不是占线就是没人接，打手机总是在开会。
- 总部各部门之间"壁垒"多，存在信息孤岛，交流不足；各部门之间竞争多，相互配合不足，而这是业绩考核并排名所致。
- 集团改革对职能总部有一定冲击，总部员工有"职能部门没有前途""总部价值不大"的困惑，对未来职业发展信心不足。
- 总部职能人员的薪酬与市场接轨程度低，与下属很多业务单位比也偏低，没有体现出精英团队的价值和自豪感，导致积极性不够高。

……

缺乏价值观共识、目标定位不清晰、专业能力有待提升、考评激励机制制约团队协同与个人发展……团队成员运用杨三角六维模型，在个人和团队层面查找问题，并共识产生核心问题。

4）实诚析因。

运用 5why 方法，对每个问题连问 5 次"为什么"，反复推敲、抽丝剥茧，一步步从表面问题、过渡问题挖到"冰山"下的根源问题。同时结合 6S 管理体系内容进行分组讨论，对集团职能部门团队进行优劣势分析，对学员个人的最大挑战进行澄清，仍然从杨三角六维角度分析个人和团队领导力方面的问题原因。

工具：杨三角六维分析法、5why 法。

5）精诚破障。

对照变革管理案例，对组织变革的障碍进行识别分析，对个人行为做互助观察与反馈，从"想不想""会不会""能不能"三个方面分析团队的根本问题，用 CSS 来做团队心智模式障碍反思报告。

工具：杨三角六维分析法、CSS。

6）竭诚达标

研讨制订团队行动计划，学员制订个人发展计划。

（5）产出。

1）达成对"一个团队一个目标"的共同认识，将总部定位明确为"打造世界一流的投资控股集团总部"。

2）共创总部团队的"Do-Stop"行为准则，明确了集团职能人员倡导什么行为和反对什么行为。我们倡导做：永葆激情、协作共享、包容互信、客户导向；我们停止做：推诿扯皮、抱怨指责、本位主义、低效无效。

关键成功要素

（1）本次团队学习将因总部"瘦身"而打散重组的职能部门重新凝聚在一起，创造了安全、开放的环境帮助大家深入交流和沟通，建立对新团队的认同感和归属感。

（2）对当前存在的问题进行"大吐槽"，直击当前困扰团队的核心问题，学员能够深度参与。

（3）将问题摊在桌面上，团队成员的情绪得到集中释放，团队士气得以提升。

（4）集团高层领导给出了方向，研讨目标明确。

（5）会后，职能工作的目标、行为准则被带回各自的团队传递给每位员工，共同推进管理创新工程和 6S 管理体系建设。

/ 案例4-4 /

HA 新能源团队融合

背景

HA 新能源科技有限公司是一家新成立的中化下属新能源企业，该公司总经理认为团队人员对项目管理缺少统一认识，向人力资源部提出希望通过项目管理培训，提高大家的项目管理意识和能力。

问题

该团队以产品研发人员为主，还有部分工程人员、生产运营人员、项目管理人员以及人事后勤人员，大部分人加入团队的时间不超过1年。通过前期调研，人力资源部发现团队在融合和配合方面也存在一定的问题，只提高项目管理专业技能可能起不到很好的效果，因此建议总经理先开展一次团队学习，帮助团队成员统一认识，使其能够在未来协作配合，共同推动项目开展。幸运的是，总经理采纳了建议。经过再次访谈，人力资源部和HA公司总经理共同确定了三个研讨方向和内容：项目沟通、项目经理画像、文化。

过程

（1）人员：团队全部成员80余人。

（2）时间：2018年12月。

（3）流程。

1）团队建设活动。通过团队"七巧板"、团队"毕加索"活动充分破冰，打破团队成员间的隔阂，营造开放、合作的场域。

2）从团队建设活动引入讨论：我们公司的特点以及公司需要我做什么贡献。

3）引入项目管理话题。共同讨论什么是项目，什么是项目管理，项目管理有什么特点。

4）引入项目沟通的内容。讨论项目沟通不畅的表现及处理办法。

5）项目经理画像讨论。

6）探讨实际项目管理工作中的挑战与行动，作为后续项目管理的指导。

（4）产出。此次团队学习持续两天，大部分成员第一次接触这种方式，但认可度和投入度都非常高，彼此都能够坦诚发言，也能够倾听对方，所有环节都能够非常充分地讨论，根据流程安排完成任务。研讨主要取得了以下几项成果。

1）达成共识、凝聚思想。团队成员坚定了对公司前景及管理团队的信心，对公司的发展方向和要达成的目标形成共识，找到了自己在组织中的位置和价值，坚定了与公司共同成长发展的决心。

2）团队成员关系改善。团队学习提供了安全的沟通环境，通过对研讨话题的设计，引导团队成员表达不同观点，促成沟通和理解。

3）提升了项目管理的意识和认识。在参加研讨之前，团队成员对项目、项目管理及项目经理认知要求的理解存在巨大差异，通过团队学习，大家对项目管理有了不同角度的理解和体验，为后续开展项目管理培训打下基础。

4）使用开放空间工具提出八个话题，包括系统建设、产品定位与规划、成本控制、人员协调、人员招聘等，作为后续项目管理的重点。

关键成功要素

（1）进行了两次深入的前期调研，与本次团队学习的发起者进行了多次谈话，了解项目背景和发起者的期望与要求。

（2）团队成员比较年轻，在流程设计上充分考虑了团队的特点。

（3）研讨过程中与总经理进行实时沟通，随时调整方向。

第 5 章

制定发展战略

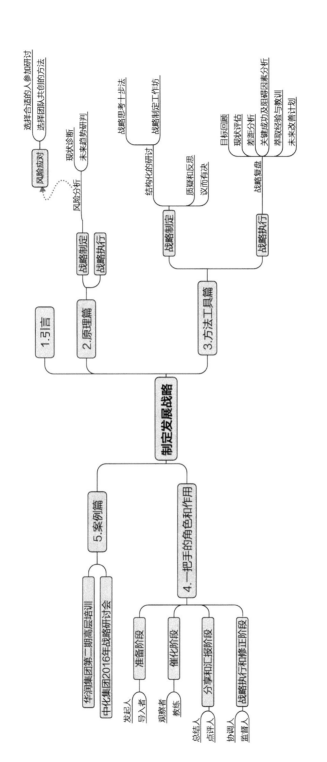

战略制定和执行是一把手最为关注的问题之一。战略的本质是取舍，事关企业的生死存亡，一把手和管理团队成员如果不能发挥组织的力量，不能汇集团队的智慧就无法制定出好战略，也无法高效执行战略。团队学习能够将众人的智慧进行有效链接，通过流程设计、过程催化、质疑反思，以团队协同作战的方式对战略的各要素和内外部环境进行结构化分析，进而明晰战略方向并明确实施路径。通过团队学习制定战略，让那些最了解企业、"听得见炮声"的人有机会参与战略的分析和制定，为战略注入了最前沿的行业洞察和经营智慧。参与制定战略的荣耀和心得，让这些团队学习成员在战略执行中心领神会、游刃有余，成为冲锋陷阵的战略推动者和实施者。

原理篇

战略对于企业来讲是何去何从的根本问题，战略帮助企业应变、求变、前瞻和发展，战略是一种取舍，是连接企业危机感和使命感的桥梁。在企业一把手的工作清单中，战略从未落选。

不管是什么战略，行业战略、地域战略、财务战略、人才战略、组织战略，都因应了不断的变化，并试图定义企业的未来。中国自古就是一个有战略传统的国家，最有名的就要数诸葛亮的《隆中对》了。三分天下的战略目标塑造了历史的轨迹。

近些年来几乎每年都有之前曾创造过辉煌的企业衰落或倒下，究其原因多是战略没有及时适应外部环境的变化，或者是面对太多的诱惑或选择出现战略摇摆，贻误了时机从而被时代淘汰。当前，数字经济正在深刻地改变工业革命，每个公司都应不断反思和迭代自己的战略，主动预判产业发展的趋势并引领变革，避免突然的剧变，尤其是跨界颠覆带来的危机。企业管理层在制定或滚动修订战略时经常碰到两个问题：①未来能预测吗？即使我们尝试去预测，万一我们的预测错了怎么办？②主动求变的企业也有很多因为转型失败而离开历史的舞台，怎么变才能找到适合本公司的战略？

对于企业的管理者特别是一把手，战略的制定和实施总会面临很多风险，很多一把手把这个过程看成是下注，赌上的是企业的命运甚至是自己的身家性命。因战略失误而导致的悲剧更是不胜枚举。如果把时间拉长，对战略进行复盘，我们就会发现，战略的风险主要来自两个方面：一是战略制定者对于自身真实状况的知悉程度；二是对未来趋势预判的准确度。如果能够做好现状诊断和对未来趋势的预判，战略风险就会降低。

在现状诊断方面，企业通常面临的最大挑战就是人的挑战。在绩效文化的主导下，企业更习惯于从基层或一线部门中选拔管理者，而这些管理者或者经理人往往是战术专家，思维聚焦、执行力强，擅长具体问题的解决或绩效的改善，而不是战略制定。虽然战略和战术相辅相成、相得益彰，但两者有质的不同。战略重谋划、布局，战术重执行、落地。这决定了战术专家很多时候视野有限，往往有深度而缺广度，只见树木不见森林。如果没有系统的培养和历练，战术专家很难成长为战略专家。如何进行培养和历练呢？这是摆在企业一把手面前需要考虑的第一个问题。

在未来趋势的预判方面，企业面临的最大挑战是信息的收集和解读。在信息化时代，如何收集有效信息、解读信息是预判未来趋势的关键。企业中的每个部门、每个人既是信息的接收器，又是信息的过滤器。信息收集容易甄别难，汇总容易解读难。经过不同部门、不同人的过滤，企业汇总的信息更显得庞杂无序，多如繁星。如何甄别？如何筛选？如何解读？

曾经有人对世界500强企业的CEO做过企业信息方面的访谈，几乎所有受访CEO都表达了对自己企业信息真伪的担心。从市场一线和基层单位收集汇总的信息，经过层层上报、层层截留、层层过滤，真实度怎么保证呢？

即使拿到了真实有效的信息，如何从中解读出行业未来真正的发展趋势？其实，只要看看股票市场就知道了，看完专家关于股票的专业分析就一定能买到对的股票吗？专家的智慧显然是有漏洞的。不相信专家，我们相信谁呢？这是企业管理者需要思考和面对的第二个问题。

对于这两个棘手的问题，团队学习法给出了自己的答案并在实践中得到了验证。团队学习法给出的解题思路简单、有效，就是相信团队的智慧和力量，通过结构化研讨来弥补个人视野的不足，在研讨中实现彼此关于战略思考的碰撞、聚焦战略主题、甄别解读信息、促成团队的质疑和反思，进而形成团队关于战略的共识。宁高宁在2019年中化集团战略研讨会上就对团队学习的价值进行了精炼概括："团队学习中，解决问题的方法不是先入为主，更不是某个人写稿、某个人念一遍的方法。这个方法的基本特点是，所有智慧都在大家中间，没有人比今天在座各位对公司更了解，任何咨询公司和专家都不会比我们更清楚，我们内心其实知道该怎么做，但需要通过一定的方法、组织来激发和升华出来。通过会议上每个人的参与，最终团队会形成一个结果，并带来文化理念、经营理念、经营方法、经营标准的变化。"

诚如宁高宁所说的，制定战略的智慧就在参加战略研讨的人中间。选什么人参加战略研讨是一个关键因素，用什么方法和流程将集体智慧激发和升华出来是另外一个关键因素。换句话说，团队学习的核心就是选对的人、用对的方法。

从战略的生命周期角度看，战略制定只是企业战略的第一步。战略如何有效执行，如何根据执行情况进行修正是检验战略成败的关键。

战略执行中的反思、反馈、评估，以及战略阶段性的复盘也同样可以通过团队学习的方式迅速达成共识。从华润集团到中粮集团，从中粮集团到中化集团，宁高宁就是用这种方法带领团队研讨战略、制定战略、解决战略执行中的难题和挑战以及复盘战略的。可以说，团队学习参与到了战略的全生命周期之中。通过团队学习制定和执行的战略，让华润集团实现了多元化实业之路的转型，让中粮集团完成了全产业链的布局，启动了中化集团的创新之路。宁高宁也在连战连捷的操盘中把企业战略抬升到一个全新的高度。

方法工具篇

1. 概述

战略制定、实施和复盘都是典型的系统工程。系统就意味着不是个人就可以决定的。一把手自己提出来的企业布局和思考不是战略而是战略的雏形——个人谋略。《隆中对》起初只是诸葛亮自己关于天下形势的推断，是个人的谋略，将其最终变成战略的是刘关张团队对于其谋略的理解、碰撞、修正和执行。换言之，刘备团队就《隆中对》达成的共识是三分天下战略最终形成的标志。从这个意义上讲，团队共识是战略制定和执行的法宝。2500年前的军事家孙子说"上下同欲者胜"，上下同欲就是共识，在组织中建立共同认可的愿景、目标就是共识。在战略的制定上，如果不能把个人愿景整合为组织愿景，真正的战略也就无从谈起。

正因如此，彼得·圣吉在其畅销书《第五项修炼：学习型组织的艺术与实务》中将建立共同愿景和团队学习看作学习型组织的两项关键修炼。企业制定战略的过程就是通过利用组织成员的知识、经历和技巧，汲取外部市场环境的信息，经过充分的交流碰撞，从组织内部改造和重塑自己，不断完善并修订自身的战略。

在研讨组织战略时，组织成员要有系统的战略思维和统一的方法工具，也就是我们经常讲的"共同语言"。团队学习法根据战略不同阶段的特点采用不同的流程和方法，配以不同的研讨工具。这种流程、方法、工具就是在团队学习过程中沉淀而成的"共同语言"。共同语言让团队可以保持同步的聚焦思考、更好的信息交流及个体经验和洞见的深度分享。如果没有共同语言，个人智慧只能简单累加而不能形成合力。比如在研讨战略时，有的人在盘点之前战略的得失，有的人在思考未来的愿景，有的人在探究具体的实施路径。他们看似都在做着与战略研讨相关的事情，却无法步调一致地实现团队集体思考。

团队学习法的特点就是结构化研讨。结构化研讨就是围绕研讨主题和关键产出，把研讨分成若干有内在逻辑的步骤，每个步骤有各自的研讨任务和研讨方法，通过步步为营的研讨最终得出结论。结构化研讨就是团队的"共同语言"的表达形式，研讨主题不同，结构就不一样，"共同语言"就不同。

宁高宁自创的"战略思考十步法"就是团队制定战略的"共同语言"。他将战略制定、战略实施及战略管理总结成逻辑性很强的步骤，在华润集团、中粮集团和中化集团的应用也得到了实践的检验。接下来就让我们看看具体的步骤和说明。

战略思考十步法的十个步骤依次是（见表5-1）：

（1）描述愿景及企业使命。

（2）市场环境及竞争结构的分析。

（3）竞争对手分析及情报系统的建立。

（4）客户群细分及价值链分析。

（5）分析自我能力及目标的时段性。

（6）战略定位、战略规划及战略管理。

（7）与定位相吻合的其他战略及资源配置。

（8）管理效率及管理工具的实施。

（9）构建成本领先或差异化的竞争优势。

（10）战略目标推进中不断反思、调整。

表 5-1 战略思考十步法流程列表

阶段	步骤	工具	说明
战略制定	第一步：描述愿景及企业使命	愿景及使命结构图（VMS）	(1) 必选要素：所在行业所从事的产品或服务+行业地位（使命） (2) 可选要素：能力、手段、条件、途径等+企业存在的目的（使命）
	第二步：市场环境及竞争结构的分析	市场环境分析（PEST，外围）	(1) 政治的/法律的；(2) 经济的；(3) 社会文化的；(4) 技术的
		行业内部分析（中层）	(1) 经济特征；(2) 驱动因素；(3) 吸引力
		行业竞争结构分析（内层）	(1) 竞争对手；(2) 替代品；(3) 供应商；(4) 客户；(5) 进入者
		五力模型	(1) 现有企业的竞争；(2) 潜在进入者的进入；(3) 替代品的开发；(4) 供应商讨价还价的能力；(5) 顾客讨价还价的能力
		外部因素评估矩阵（EFE矩阵）	(1) 机会：关键外部因素、权重、评分、加权分数 (2) 威胁：关键外部因素、权重、评分、加权分数
	第三步：竞争对手分析及情报系统建立	竞争对手信息的主要类别和类型（收集出版资料、实地资料）	背景信息、产品/服务、组织结构、战略、市场营销、社会政治、人力资源、运营、管理描述、客户价值分析、财务
		竞争态势矩阵（CPM）	常见的六类关键成功因素：(1) 技术相关；(2) 制造相关；(3) 分销相关；(4) 技能相关；(5) 客户相关；(6) 其他
	第四步：客户群细分及价值链分析	价值链及客户群复合定位矩阵（VCCP矩阵）	(1) 价值链集成度（单一价值、有限集成、纵向一体化） (2) 细分客户群覆盖率（单一客户群、多个客户群、所有客户群）
		价值链及客户群复合定位市场评估工具（评分：1=较大的劣势；2=较小的劣势；3=较小的优势；4=较大的优势）	(1) 不同客户群所在市场吸引力评估（市场规模、市场发展前景、市场自由度、竞争前景吸引力、市场风险） (2) 商业模型吸引力评估（效率提高潜力、基础资源易得性、地域可移植性、法律法规限制、发展前景吸引力） (3) 市场、商业模型吸引力评估矩阵（四象限）

（续）

阶段	步骤	工具	说明
战略制定	第五步：分析自我能力及目标的时段性	能力因素分析图	六方面 48 问：管理（9 问）、营销（11 问）、财务会计（8 问）、生产运作（6 问）、研究与开发（7 问）、计算机信息系统（7 问）
		内部因素评价矩阵（IFE 矩阵）	（1）优势：关键内部因素、权重、评分、加权分数 （2）劣势：关键内部因素、权重、评分、加权分数
		定位三维度	定位三个维度（价值增长、客户定位、价值定位）
		战略集合（六类）	（1）一体化战略；（2）强化战略；（3）多元化战略；（4）防御战略；（5）并购战略；（6）合作战略
	第六步：战略定位、战略规划及战略管理	内部外部矩阵（IE 矩阵）——匹配矩阵	通过内部能力匹配，确定客户/价值链组合
		大战略矩阵（GSM）——四象限	市场增长快——市场增长慢 SO 战略（利用优势把握机会）、劣势竞争地位——强势竞争地位 ST 战略（利用优势回避威胁）、WO 战略（利用机会克服劣势）、WT 战略（将劣势降到最小并避免威胁）
		SWOT 分析	
		定量战略计划矩阵（QSPM）	统一指标对多种方案进行评分（机会、威胁、优势、劣势）
	第七步：与定位相吻合的其他战略及资源配置	战略实施保障体系	营销、财务会计、研究与开发、计算机信息系统
		品牌知觉图	
		战略实施管理系统保障	资源配置系统、绩效评估系统、流程/能力保障系统、人员保障系统、文化/政策保障系统
	第八步：管理效率及管理工具的实施	平衡计分卡（BSC）	（1）组成部分：战略模型、目标和测量值、计划和报告系统、组织/需要衡量的核心领域：市场份额、客户满意度、客户获得率、客户留任率、客户利润率
战略实施		六西格玛	
		流程再造	

战略评价	步骤	框架	内容
	第九步：构建成本领先或差异化的竞争优势	成本领先战略分析框架	分析环节：材料供应商、研发中心、制造、分销、客户；整体方案：（1）并购竞争对手形成规模经济；（2）采用信息系统整体优化，提高购业工作成本，提高手工效率；（3）供应链整体优化，协作；（4）企业流程再造；（5）外包没有效率的环节以降低成本；（6）前向或后向整合供应链降低交易成本；（7）严格的管理控制
		差异化战略分析框架	分析环节：材料供应商、研发中心、制造、分销、客户；整体方案：（1）一体化整合；（2）采用信息系统，增强供应链控制力，强化差异化；（3）提高服务水平和效率；（4）较为宽松的组织气氛
	第十步：战略目标推进中不断反思、调整	战略反思调整框架	活动1：战略基础稳定性校验（战略基础是否良好）活动2：实际绩效校验（完成是否稳定）活动3：调整措施

每一步的具体内容和涉及的方法工具介绍如下。

第一步：描述愿景及企业使命。

一个组织成功的必要条件是有个远大的目标，并坚定地朝着这个目标前行。在快速变化的环境中，或在重组时，团队需要重新思考愿景、使命及价值观，形成新的共识。只有团队对组织的愿景、使命及价值观等有了共识，团队的执行效率才会高，遇到困难的选择才不会迷失。

第二步：市场环境及竞争结构的分析。

外部环境和竞争结构分析是战略研究与战略制定的重要步骤，企业只有长期进行细致的收集和分析工作，才能"春江水暖鸭先知"，及时地捕捉到市场发展的趋势及竞争对手可能采取的行动，做到知己知彼，对竞争格局了然于胸。迈克尔·波特的五力模型对驱动行业竞争的力量进行了全面的分析，包括潜在进入者、替代产品或服务的威胁、供应商和买方的议价能力、现有竞争者的竞争。

在当今世界经济水乳交融的形势下，中国企业走出去是必然的趋势，国际化、全球化都需要对所在区域做更深入的分析。随着"一带一路"倡议的推进，更多中国企业走向广袤陌生的市场，这里机遇与挑战并存，套用国内成功的经验很容易滑入危险的陷阱，政治环境、经济形势、社会结构、技术发展状况、环保要求及法律法规都与国内不同，甚至有很大差异。中兴风波既有合规制度不健全的因素，也有政治、技术的因素，没有建立与国际市场并轨的管理体系无异火中取栗、刀尖舔血。

为了相对客观地分析外部因素对公司战略的影响，可以采用外部因素评估矩阵（external factor evaluation matrix，EFE 矩阵）做个分析。其做法是首先从机会和威胁两个方面找出影响企业未来发展的关键因素，并根据各个因素影响程度的大小确定权数；再按企业对各关键因素的有效反应程度对各关键因素进行评分；最后算出企业的总加权分数。通过 EFE 矩阵，企业就可以汇总自己所面临的机会与威胁，刻画出企业的全部吸引力。

第三步：竞争对手分析及情报系统的建立。

很多管理者被日常公司内部的事务所困，用战术的勤奋掩盖战略的懒惰，无暇顾及竞争对手采取的措施，最后导致处处被动。商业世界有不少利用信息不对称取胜的经典案例，都是因为建立了相对完善的信息收集及分析系统。这个环节可以选择使用竞争态势矩阵（competitive profile matrix，CPM）进行具体分析。

CPM 用于确认企业的主要竞争对手及相对于该企业的战略地位，以及主要竞争对手的特定优势与弱点。CPM 中的因素包括外部和内部两个方面的问题。

第四步：客户群细分及价值链分析。

《定位》的作者特劳特认为产品在消费者心中的心智模式决定企业的核心竞争力，所以对客户进行细分乃至锁定目标客户群是企业的头等大事。

战略不仅是确定发展路径，还要找到、找准客户。客户在哪里？找到客户后如何分析客户群体，如何对客户数据进行解读是制定战略时应当考虑的问题。

面对激烈的行业竞争，以往使用的成本管控和分析方法已不能满足需求。企业要获得竞争优势，需要挖掘自身的潜力，具备价值链思维。价值链思维要求不仅关注内部资源的链接，也要重视上下游的战略布局。企业目前的价值链是什么状况，未来希望达到何种程度，价值链建设的路径是什么，都需要在战略中体现。

第五步：分析自我能力及目标的时段性。

前四步的研讨可能让我们对于未来有了天马行空的想象，但我们现在是否具备启帆远航的能力呢？这就需要对自身能力有一个盘点和梳理。自我认知无论对于个人还是对于组织而言都不是一件容易的事，由于高估、热爱等感性因素导致对自我实力的错误判断而失败的事例不少，而捧着金碗要饭，却过于自卑、裹足不前、丧失战机的例子也不少见。

团队学习一般都设置现状盘点环节，对公司的营运能力、组织能力、领导力、学习能力等进行多维度分析，形成公司现状画像。知人者智、自知者明，科学有效的自我分析能力是制定战略的基础。

"见贤思齐焉，见不贤而内自省也"，了解现状让我们更容易看到自身的短板，也就更容易针对这些短板或弱势项制定阶段性的提升目标。

第六步：战略定位、战略规划及战略管理。

战略方向的确定是战略制定的最后一步，根据所处行业的发展趋势及自身所处的竞争位置和实力，找出现状与愿景的核心差距，围绕核心差距制定出相应的定位及竞争战略。

一般而言，战略定位主要聚焦三个维度：价值增长、客户定位、价值链定位。根据定位可以将战略归集为六类：一体化战略、强化战略、多元化战略、防御战略、并购战略、合作战略。

第七步：与定位相吻合的其他战略及资源配置。

为有效实施所制定的战略，企业就得从组织到流程再到资源做整体的安排。这种整体的安排对企业本身来讲也是另外一种形式的再造，很多企业正是在推动战略落地的过程中完成了华丽转身，实现了自我革新。

如建设战略实施保障体系，要从营销、财务会计、研究与开发、计算机信息系统等方面保障战略有效落地。

第八步：管理效率及管理工具的实施。

战略实施是一个系统工程，要想高效进行需要企业内外部环节有机运转，罗伯特·卡普兰的战略地图——平衡计分卡（BSC）是一个有效地看清它们之间的逻辑关系并分解战略要素指标的工具。

平衡计分卡在战略执行中能更清楚地描述战略（绘制战略地图），也能科学全面地衡量战略（目标及目标值的设定），还可以通过四个核心维度的相互作用管理战略、执行战略（战略解码）。

第九步：构建成本领先或差异化的竞争优势。

"人无我有、人有我优、人优我特"，战略没有差异化，我们就很难建立自己的竞争优势。迈克尔·波特的《竞争战略》描述了三种战略：总成本领先战略、产品差异化战略和聚焦战略。

总成本领先是在价值链各个环节下的成本优化。实施总成本领先战略的一个必要条件是注重节约的文化。

产品差异化战略是指企业通过改变产品的客观特性来提高产品在顾客心目中的价值。

聚焦战略是在特定情境下（比如特定的人群或者产品）的总成本领先战略或者差异化战略。

不同战略的关注点不同，需要企业根据自己的情况进行选择。

这个过程也是对标学习的过程。对标学习可以避免我们在研讨战略的时候闭门造车。宁高宁在2019年中化集团战略研讨会上再次提到了标杆学习的重要性："所谓标杆管理，就是要在一个大的坐标系里看我们自己，这个坐标系必须要准确，我们必须了解自己在这个坐标系里面的位置、趋势是什么，真正的核心指标是什么。"通过标杆管理找到自己的核心竞争优势，梳理出核心指标，最终形成和确立自身的优势，是战略成败的关键。

第十步：战略目标推进中不断反思、调整。

大多数公司都会阶段性地回顾总结战略实施效果并且滚动修订战略，这样的活动都是对战略有益的对标，是战略制定和战略实施能力的核对，是反思初衷与结果，找到差异原因的过程，从而发现其中蕴含的规律性元素。

战略检讨或反思的工具很多，目前较为常用的方法是战略复盘。复盘的本质是学习，这个术语来自围棋界，一般指下棋对弈的人在完成胜负对决后，单独或双方一起复原和分析对弈的过程，找到胜败的经验和教训。目前商学院中讲授的复盘则主要源于事后回顾（after action review，AAR）。AAR最早是美国陆军所采用的一种任务后的检视方法。通过对一个已经完成的战斗任务或战术项目的讨论，引导团队发现和了解真实状况，探究这些状况为何发生；明确在实施任务的过程中，哪些做得好，哪些还需要改进，成绩背后导致成功和失败的原因是什么，在未来类似的项目中如何扬长避短。由于快速有效，AAR已经成为美军的一种组织文化。目前，AAR已经在英国石油等大型跨国公司获得了成功应用。

以联想的"复盘"方法为例，复盘分为以下四步。

第一步：回顾目标。在研讨前一起回顾：当时战略中都制定了哪些重要目标？目标是否清晰？是否达成了共识？

第二步：对比结果。对照之前设定的目标，当下完成的结果如何？哪些完成了，哪些没有完成？什么地方做得好，什么地方做得不好？

第三步：分析原因。结果背后的原因有哪些？这些原因中哪些是客观原因，哪些是主观原因？努力挖掘原因背后的原因，找到症结所在。

第四步：总结经验、教训。通过前三步的思考，结合自己和团队的洞察提炼经验、总结教训，沉淀组织智慧，提高未来工作的绩效。

结构化的复盘流程，给了参与人员重温项目、深度剖析、持续反思的机会，从而让学习更容易发生。联想就是通过复盘总结出了投资的三个原则：①先看事，②再看人，③看人与事是否匹配。

在战略思考十步法中，根据复盘可以生成战略反思逻辑图（见图5-1）。

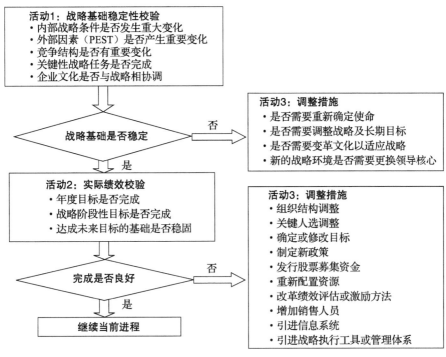

图 5-1 战略反思逻辑图

2. 用团队学习开展战略研讨的方法——战略制定工作坊

"工作坊"（workshop）一词最早出现在教育与心理学的研究领域之中。在培训领域，"工作坊"一般指参与者围绕课题或话题，进行思考、探讨、相互交流，最终找出解决对策的学习形式。工作坊的流程和工具因课题或话题不同而有所差异，但一般分为如下几个阶段：和课题相关的信息输入、流程与工具的学习、过程催化、对策制定与分享、成果的点评与实施。

战略制定工作坊是在战略思考十步法的基础上以前六步为主要内容研发成型的，研讨主要分为以下四个大的步骤。

（1）企业文化重塑。

（2）战略研究和分析。

（3）战略地图绘制。

（4）战略实施计划制订。

第一步：企业文化重塑。

这一步骤适用于新创立及刚重组的公司，或者由于外部市场出现重大变化或重大事件、主要领导人更迭或公司重组使整个公司的目标及价值观需要做出调整。为了凝聚共识，达成统一的目标而召开研讨会。

研讨会召开前需要告知参会人员带着思考来，带着建议来。思考部分包括目前公司面临的问题和挑战，建议参会人员针对这些问题和挑战提出有针对性的建议与意见，还有就是对未来公司要成为什么样的组织，履行哪些使命和职责进行思考。

由于大多数中层管理者，甚至部分高层管理者对企业文化的作用认识有限，日常的工作中只有为数不多的愿景型领导者，所以研讨会开始后催化师需要帮助参会人员了解愿景、使命和价值观的概念与所能发挥的作用。德鲁克说过，文化可以把战略当早餐吃掉，可见没有企业文化的转变和配合，再完美的战略也难以实施。

进入研讨环节后，请每个参会人员在 A5 纸或即时贴上写下自己心目当中公司或组织的愿景，每张纸上写一个词，用主谓定宾的形式组成一句话的愿景，主语是这个组织或公司的名称，谓语是"成为""打造"或"建成"等词语，定语用形容词，可以是一个或两个形容词（为了简练易记，定语最好不超过两个形容词），宾语即是对最终目标的描述。

参会人员都写好后以小组为单位，在小组催化师的带领下，将自己写好的几张纸按顺序在粘贴布或白板上横向贴成一句话，然后合并同类项，将近似的主谓定宾词放在一起，最后合并成小组形成共识的一句描述，这轮研讨启动了大家对公司或组织的愿景的深度思考。然后将各小组形成的共识展示在一张粘贴布或白板上，之后请每个小组阐述为什么自己的小组形成了这样一句话的愿景，并解释每个词的含义。在小组介绍完成后邀请所有人进行投票，包括一把手在内的主要负责人。投票的方式是首先给每个人发三个粘点贴，然后让他们依次对自己最倾心的三个词投票，最后选出大家共同认可的一句话作为愿景初稿。

使命的确定可采用与愿景制定相同的流程，最好让每个小组针对本小组对最后的一句话的描述的理解做一个小组发言，以便大家的认识在同一个层面。

价值观的讨论稍有不同，最好用词组的形式，最后形成 3～5 个团队认可的词组，还要做排序。这个讨论不是简单的归类，最后要加上参与人员对词组的注解，以便让这些词组不仅仅是字面的含义，更有本团队对词组的诠释。为什么要加入这个诠释环节？因为价值观一旦确定就将是团队共同遵守的原则，会应用到所有的经营管理理念和过程，一旦发生个人或团体利益与价值理念相悖，就要将价值观作为行为的准则去行动，所以价值观的讨论最后能落实到成员及团队的行为准则，将价值观转化为行为将会是研讨会最有效、最具价值的产出。

第二步：战略研究和分析。

我观察过很多公司的领导力素质模型，其中共性的一条就是战略思维，为什么要强调这一项？它肯定是既重要又普遍缺乏的能力。这么多高级管理者缺乏战略思维的原因又是什么？其中一个原因是缺少一套思考的框架和流程，另外一个原因是忙于经营管理而无暇思考对企业最重要的长远发展道路。

战略制定工作坊以杰克·韦尔奇关于战略的五张 PPT 为基础框架，他关于战略的五张 PPT 既简洁又深刻。首先简洁，就是五张 PPT，任何人都能理解；同时又不肤浅，没有足够的商业洞察力，根本无法回答他的 16 个问题。战略其实就是对如何开展竞争的问题做出清晰的选择，也就是有所为，有所不为。不管你的生意有多大，资金有多雄厚，你也不可能满足所有客户的要求。作为企业管理者，你可以要求你的团队书面回答这些问题；那些难以达成共识或者无法给出令人信服的答案的部分，就是你下一步需要重点研究的专题。这五张 PPT 的内容如下。

（1）今天的竞技场是什么？（行业分析）

1）在你所属的产业里，都有些什么样的竞争对手，无论它们是大还是小，是新企业还是老牌公司？

2）在全国的市场里，这些企业分别占有多大的份额？你的企业在哪个市场上更擅长？

3）这个产业有些什么特征？是大众化的，还是高附加价值的？还是介于两者之间？是长周期的，还是短周期的？它处于产业增长曲线的什么位置？决定利润率的主要因素都是什么？

4）每个竞争者的优势和劣势都有哪些？它们的产品是否出色？各自在研发上花了多大力气？各个对手的销售能力如何？其企业文化在多大程度上是业绩导向的？

5）这个产业的主要顾客有哪些？他们的购买方式是什么样的？

（2）最近的竞争形势如何？（竞争分析）

1）在过去一年里，各个竞争对手都有哪些可能改变市场格局的举动？

2）是否有人引进了可以改变游戏规则的新产品、新技术或者新的销售渠道？

3）是否出现了新的进入者，它在去年的业绩如何？

（3）你的近况如何？（自身评价）

1）在过去一年里，你的表现对市场竞争格局有何影响？

2）你是否收购了企业、引进了新产品、挖走了对手的主要销售人员，或者从某家创新企业得到了一项新技术的特许权？

3）你是否失去了过去的某些竞争优势、一位杰出的销售经理、一种特殊产品，或者一项专有技术？

（4）有哪些潜伏的变量？（市场分析）

1）在下一年，你最担心什么，竞争对手有没有可能做出什么事情把你封杀出局？

2）你的对手可能采用什么样的新产品和新技术，甚至改变游戏规则？

3）会不会发生针对你的兼并收购？

你必须假定对手都是非常出色的，或者至少与你自己同样出色；他们的动作也非常快。

（5）你有什么胜着？（决策）

1）你能做些什么来改变竞争——企业兼并、引进新产品还是全球化？

2）怎样做才能让顾客保持黏性，比以前更忠实于你，比依赖别人更依赖你？

战略制定工作坊基本是按照这五页 PPT 的思考逻辑，加上前面介绍的方法工具，一步步分析展开的。

- 行业分析。采用迈克尔·波特五力分析法，让学员通过研讨画出本单位的行业全景图。然后请每个小组依次发言，互相补充认识，形成更全面的行业共识。
- 竞争分析。每个小组用竞争态势矩阵（CPM）对主要竞争对手进行相对定量的一个分析。然后用以下两个问题进行小组研讨：①在过去一年里，各个竞争对手都有哪些可能改变市场格局的举动？②是否有人引进了可以改变游戏规则的新产品、新技术或者新的销售渠道？
每个小组依次发言，形成对竞争形势的整体认识和互相补充。

- 知己知彼。使用波士顿矩阵综合分析本业务或产品组合的所处位置，对自身的业务及产品组合做个全面的剖析，找出发展的短板。
- 战略定位。使用关键成功要素（critical success factors）找出竞争对手和自己在其中的取舍和策略，更加明晰战略的切入点和定位。

第三步：战略地图绘制。

将之前集体讨论得出的使命、愿景和价值观填在战略地图的顶端，之后分别从财务角度、客户角度、内部流程角度、学习和成长角度将公司的战略举措在战略地图中——标明，理清逻辑关系，不遗漏不重叠，这对以战略为导向的资源配置有非常直观的效果。

第四步：战略实施计划制订。

采用平衡计分卡将上述四个方面的措施形成量化指标，既成为团队努力的目标，也将作为考核的重要依据。

需要说明的是，战略工作坊的方法和流程很多，可以根据企业自身的情况进行定制化设计。如华润集团近期更多的是使用战略探索工作坊流程进行战略制定。主要流程：既往战略复盘、现状盘点、愿景共创、核心差距分析、战略方向选择、设立具体目标、关键因素分析、制定关键策略、评估风险/挑战、执行行动计划与监督、团队能力提升、战略整合。

以上两种工作坊的流程虽然有差异，但共性更为明显：都是先分析当下再展望未来，都需要进行要因分析并根据分析的结果思考具体的战略方向和路径，都关注企业的组织能力和领导力对于战略执行的保障作用，都有两个主线——战略研讨线＋能力提升线，两者相辅相成、相得益彰。

3. 企业一把手（或核心管理团队成员）在战略研讨中的角色

企业一把手怎么有效地参与到战略研讨中呢？这历来是个敏感棘手的问题。这虽然与孔子说的"近之则不逊，远之则怨"的境况不同，但也有相似之处，其核心是参与度的拿捏。

虽然每个企业都有不同的文化和工作氛围，一把手的管理风格也不尽相同，但通过设定好角色，做好过程管理，就可以将一把手在战略研讨中的价值充分发挥出来。

在战略研讨的不同阶段，一把手的角色各有侧重。

在研讨准备阶段，一把手是战略研讨发起人和导入者，他可以确保与战略相关的人按时参加研讨，为战略研讨导入重要的信息和产出要求。

在战略研讨催化阶段，一把手是团队的观察者和教练。他可以在研讨中发现人才、观察人才，是金子总会在思想碰撞中发出不一样的火花。与传统通过业绩和测评报告筛选与观察人相比，这种方法更加直观可靠。从华润集团到中粮集团再到中化集团，宁高宁非常善于在这个战场上选拔优秀人才。

此外，一把手也是教练，当观点矛盾到无法调和时，一把手围绕矛盾点对团队进行教练式的提问和引导，可以让团队更容易达成共识。

在战略方案的分享和汇报阶段，一把手作为总结人，对研讨进行整体点评和关闭发言。当以小组为单位进行方案汇报时，各组可以使用"六顶思考帽"相互点评优点、不足和提出完善建议，一把手在听完组员的分享和点评后进行整体点评，从组织层面对研讨成果进行评价。这种评价一般作为关闭总结的核心内容。

在战略执行和修正阶段，一把手则主要承担协调人和监督人的角色，为战略的执行、复盘协调资源，确保战略落地。同时，对战略落地的整体进度和效果进行监督、鞭策。

在团队学习研讨和执行战略中，一把手不是遥控者、旁观者、决策人，而是发起人、观察员、教练、协调员、点评家和监督人。通过团队学习，一把手可以更好地了解组织、了解团队、了解人，可以和团队成员在战略研讨中共同成长。

案例篇

/ 案例5-1 /

华润集团第二期高层培训

背景

2001年，为实现"再造华润"的奋斗目标，明确集团未来的发展路径并在集团决策层达成发展共识，华润集团董事长倡议发起集团高层培训。此次培训的主题为"全面适应环境变化，研究集团发展战略"。

此次培训由集团6S委员会提出研讨议题。时任国家行政学院副院长的陈伟兰协助策划、设计和主持了此次培训。参会人员运用行动学习开展团队研讨，使用战略分析工具进行聚焦研讨。

想要解决的问题

对华润集团的发展战略、使命以及组织管理架构进行研讨，达成团队共识并制订行动计划。

过程描述

（1）选人。宁高宁等集团领导班子成员以及部分一级利润中心和服务中心的经理人共计22人参加了此次培训。

（2）时间。研讨时间共计5天。

（3）角色。本次研讨主要角色分工：董事长及总经理作为发起人和导入者，在研讨过程中作为观察员和教练，陈伟兰老师作为总催化师和主持人，其余人为组员。

（4）流程。本次研讨安排了三个主要内容。

方法论导入：主持人向大家系统地介绍了战略研究的工具、组织设计的理论以及讨论解决问题的方法，并着重启发和引导大家对集团的行业、组织、人才、财务、区域和产品等战略进行研讨与分析。

案例分享：安排有关负责人就五丰行传统业务转型、外国服装品牌在中国分销以及东药和深圳地产项目进行介绍。

研讨主题：以小组为单位聚焦研讨集团的使命、总体战略要求、管理架构调整以及行业、组织、人才、财务、区域和产品等战略的制定原则与基本模型框架。

具体安排如下。

培训分为四个模块：开场导入—战略研讨工具、方法导入—主题研讨（发展战略／管理架构调整）—成果汇报与总结。

开场导入：董事长介绍本次培训的背景、目的、日程安排和产出要求。

战略研讨工具、方法导入：主持人为参训人员介绍战略分析工具。

主题研讨：以小组为单位分别开展华润集团发展战略研讨和管理架构调整研讨。每个研讨步骤采取总分总的形式。

- 每个研讨步骤开始前统一说明本步骤的研讨时间、研讨方法和具体产出要求。
- 各组在本组催化师的带领下进行分组研讨。
- 每个环节结束后，各组对本步骤的研讨产出进行分享和点评，在点评的基础上进行优化、完善。

成果汇报与总结：各组代表分别汇报各自最终的研讨成果。通过筛选评价，全体人员在总催化师的带领下对每个重要维度进行界定，从各组的成果中选择认可度最好的表述作为最终的成果。

最后总经理和董事长分别进行整体点评，由董事长部署下一步工作及要求。

（5）研讨产出。对一级利润中心的调整方案和原则达成共识。

1）根据 6S 管理委员会的建议，对集团一级利润中心进行了重新调整，划分一级利润中心的原则如下。

- 以集团战略发展方向为依据，综合考虑利润中心的盈利能力和资产规模，作为一级利润中心的划分基础。
- 打破现有股权和管理架构。
- 根据管理需要随时调整。

通过本次研讨，重新划分一级利润中心，初步实现了决策在集团、运营在利润中心的管理目标。调整后确认了23个一级利润中心，明确了分销、地产、科技和策略投资四大主营业务。

2）对集团发展战略达成共识。对行业战略、地域战略、组织战略、人才战略、财务战略分别进行了澄清和界定。

a. 明确了行业战略的目标和原则。

目标：集中资源，争取在主营行业上具有竞争力和领导地位。

原则：①选择熟悉的行业；②行业协同；③增长性强；④回报率理想；⑤进入壁垒高；⑥具备管理能力；⑦有条件占据行业领导地位；⑧符合国家产业政策，有良好的社会效益。

b. 对地域战略达成共识。

原则：立足香港，主力积极拓展内地市场，稳妥地通过现有业务探索开拓国际市场的可能性。

c. 明确了集团组织战略的目标和原则。

目标：设置合理的组织管理架构，通过具有竞争优势的组织形式和管理，使集团的整体目标成为所有下属企业、利润中心的一致目标，从而保证行业战略、地域战略、财务战略和人才战略有效实施。

原则：集权有理、授权有道、分权有序、用权有度。

战略选择：管理机构扁平化，保证信息快速传递；对市场反应敏捷，保障业务运作顺畅。

d. 明确了集团的人才战略理念。

支持理念：人人是人才，永远是人才。员工价值与企业价值升值一致。

战略选择：与集团发展战略相匹配，保持适度的超前性。

人才组合策略：使用"两栖"人才，培训管理人才，聘用专业人士。

用人取向：不一定是最优秀的人才，但一定是最有成就感的员工。

e.明确了集团未来的财务战略。

目标：合理有效地控制风险，保证企业长期稳定发展，实现股东权益最大化。

战略构成：成本战略、运营战略、发展战略。

发展战略：合理的财务结构、适度的杠杆比例；明确资产组合、投资回报要求；资金保证。

3）达成了集团使命及内含的团队共识。小组研讨后确认的集团的使命："通过坚定不移地改革和发展，把华润集团建设成在主营行业有竞争力和领导地位的优秀国有控股企业，并实现股东价值和员工价值最大化。"

4）后续行动计划。培训过后，华润集团于2001年9月初成立由董事长牵头的战略发展委员会，着手细化华润集团的行业战略、地域战略、组织战略、人才战略和财务战略，以确定华润集团的主营业务，决定人才、财务资源的配置方案。与此同时，要求总部、企发部、一级利润中心、上市公司也在本单位成立相应组织，分析公司的长处、短处、威胁和机遇，制定本公司的战略发展纲要，供集团战略发展委员会参考。

/ 案例5-2 /

中化集团2016年战略研讨会

背景

2016年，中化集团迎来新掌门人宁高宁。5月，公司领导、监事会领导、集团外部董事及职工董事、集团相关职能部门一把手、二级及部分三级经营单位主要负责人共计70余人进行了一场团队学习，深入讨论集团公司各业务板块以及整体的发展战略，推动公司实现健康、可持续发展。

想解决的问题

近年来，经济市场环境急剧变化，从国家层面的供给侧改革、产业结构升级、税收政策调整，到石油价格大幅下滑、农业投入品市场变化、公司资产质量变化，对中化集团的经营产生了不能规避的影响。面对这些变化，新的集团管理层要回答的首要问题是：中化集团怎么办？应该成为一个什么样的公司？中化集团的产业未来将如何发展？这样的问题不能只靠集团管理层给出答案，需要梳理中化集团最有价值的资产、人、品牌、技术、市场……找到能真正驱动中化集团未来发展的业务。宁高宁适时引入了团队学习，集团和各业务板块的管理团队坐在一起，按照系统一致的方法，共同思考公司战略往哪儿走，机制怎么改。清楚每个业务单元在这个战略框架里的位置、每个人在这个机制里的方向，能为下一步更聚焦、更具体地研讨和决策提供基础。

希望通过团队学习，各级管理团队可以统一思想，不同板块业务之间可以形成协同互相支撑，共同推进公司改革发展。

角色

宁高宁作为研讨的导入者和总催化师，参与人员混编入组研讨。

流程

这次团队学习历时三天，分为三个阶段（见表5-2）。

表 5-2　战略研讨会流程

环节	主要内容	工具
先导培训	每组三名成员接受团队学习方法培训	战略思考十步法等
第一阶段		
团队破冰	团队破冰，介绍讨论工具，签署学习契约	
研讨破题	引导研讨方向，提出研讨的目的与要求	
分组讨论	发现问题，分析成因，每个小组确定十大核心问题（业务板块和集团各五个）	头脑风暴法、团队列名法等
明确问题	全体对业务经营和集团管理的十大核心问题形成共识	团队列名法
小结点评	董事长小结点评全天的过程及成果，提出调整意见和要求	

（续）

环节	主要内容	工具
第二阶段		
分组讨论	导入"战略思考十步法""五步组合论"，根据上一阶段澄清的业务板块发展核心问题，结合自身能力和未来发展环境分析，按照"战略思考十步法"的系统框架，讨论并提出业务发展战略（包括业务定位、战略目标、竞争策略、实施路径、实施单位、实施计划等）	战略思考十步法等
第三阶段		
分组讨论	"企业发展分水岭理论"讲解，参考"战略思考十步法"框架，提出集团整体的发展战略（包括集团整体定位、战略目标、业务组合及筛选原则、组织架构及管控模式、体制机制等）	企业发展分水岭理论、战略思考十步法等
发布共识	总结成果、提炼共识	
学习反思	集团领导分享思考和感言	

第一阶段：发现并澄清问题。提出正确的问题，问题就解决了一半。各职能、业务团队组成研讨小组，带着对集团管理及业务经营的提前思考，共同分析集团管理及业务经营方面的现状，围绕集团管理和业务发展存在的战略问题展开讨论，提出集团整体和各业务发展战略中最突出的十大问题，挖掘问题产生的原因，并达成集体共识。

工具：团队列名法、冰山分析法。

第二阶段：研讨业务板块的战略问题。小组根据第一阶段澄清的业务板块发展核心问题，结合自身能力和未来发展环境分析，提出业务板块的竞争战略和实施计划，包括业务定位、战略目标、竞争策略、实施路径、实施单位、实施计划等。

工具：战略思考十步法。

第三阶段：研讨集团战略问题。小组结合第一阶段分析出的集团战略问题及第二阶段各业务板块形成的业务竞争战略，各自参考"战略思考十步法"框架（见表5-1），提出包括集团整体定位、战略目标、业务组合及筛选原则、组织架构及管控模式、体制机制等在内的集团整体战略，并对实施路径、责任单位、实施计划等提出建议。

第 6 章

打造核心竞争力

核心能力这个概念，是在 20 世纪 80 年代开始流行的。因为当时的管理学界开始注意到，很多大公司昨天还"活"得好好的，说不行就不行了。那么，为什么有的企业可以常年屹立不倒，而另外一些企业却一下子就垮掉了？大家开始从方方面面找原因，最后，大家有了一点共识：大公司在拥有庞大的资源背后，能力在退化，尤其是核心能力在退化。

两位具有哈佛大学背景的学者提出了一个更有震撼力的概念来表达核心能力的重要性。这个概念叫"核心竞争力"。这两位学者认为，核心竞争力是超越产品和市场的一种组织能力，当一个企业可以用它的核心竞争力去协调它的技术、知识和各种资源时，这个企业就能够生产出核心产品，这些产品就可以撑起一块业务。

原理篇

什么是核心竞争力

核心竞争力的概念

核心竞争力的概念是美国学者普拉哈拉德（C.K.Prahalad）和哈默尔（G.Hamel）首先定义的。核心竞争力又称"核心竞争能力""核心竞争优势"，是组织中积累的学识，是协调不同的生产技能、有机结合多种技术的学识，也是组织应对变革与激烈的外部竞争，并且取胜于竞争对手的能力集合。

核心竞争力应该有助于公司进入不同的市场，它应成为公司扩大经营的能力基础。核心竞争力对创造公司最终产品和服务的顾客价值贡献巨大，它的贡献在于实现顾客最关注的、核心的、根本的利益，而不仅仅是一些普通的、短期的好处。企业的核心竞争力应该是企业所特有的、能够经得起时间考验的、具有延展性的、难以被竞争对手复制和模仿的能力。

核心竞争力是将技能资产和运作机制有机融合的企业自身组织能力，是企业推行内部管理性战略和外部交易性战略的结果。现代企业的核心竞争力是一个以知识、创新为基本内核的企业某种关键资源或关键能力的组合，是能够使企业在一定时期内保持现实或潜在竞争优势、获得稳定超额利润的动态平衡系统。

核心竞争力是能够为企业带来比较竞争优势的资源，以及资源的配置与整合方式。随着企业资源的变化以及配置与整合效率的提高，企业的核心竞争力也会随之发生变化。凭借着核心竞争力产生的动力，一个企业就有可能使产品和服务的价值在一定时期内得到提升，从而在激烈的市场竞争中脱颖而出。

核心竞争力的特点

（1）价值性。这种能力首先能很好地实现顾客所看重的价值，如能显著地降低成本，提高产品质量，提升服务效率，增加顾客的效用，从而给企业带来竞争优势。

（2）稀缺性。这种能力必须是稀缺的，只有少数企业拥有它，不是广泛地存在于同行企业中。

（3）不可替代性。竞争对手无法通过其他能力来替代它，它在为顾客创造价值的过程中具有不可替代的作用。

（4）难以模仿性。核心竞争力还必须是企业所特有的，并且是竞争对手难以模仿的，也就是说它不像材料、机器设备那样能在市场上购买到，而是难以转移或复制的。

（5）叠加性。两项或多项核心能力一经叠加，可能会派生出一种新的核心能力，而且这种新的核心能力往往不是原来几项核心能力的简单相加，这类似于经济学中的范围经济和物理学中的共振所体现出来的性质。

核心竞争力的构成

（1）高水平的人力资本。知识经济的到来使越来越多的人认识到人力资本对企业竞争力的巨大决定作用。对于企业的所有者来说，进行怎样的机制设计才能将人力资本与企业有机地结合在一起，使特殊人才竭力为企业奉献才能，使企业所拥有的"豪华战车"不致白白浪费。

（2）领先业内的核心技术。坚实的竞争力来自执着的专业化。兢兢业业在一个领域做好，形成强大的、令对手望而却步的专有技术，牢牢占领一个稳定的市场，这就是自己的核心竞争力。拥有自己的核心技术是企业获得核心竞争力的必要条件，但不是充分条件，关键是拥有持久保持和获得核心技术的能力。

（3）不竭的创新动力。企业创新分制度创新、管理创新、技术创新、产品创新。创新的关键是"创"，目的是实现"新"。国内外许多企业的发展史其实就是一部部创新史。

（4）突出的管理能力。管理能力是企业竞争力的核心内容，包括企业获得信息的能力、推理能力、决策能力和迅速执行决策的能力。在一定意义上，企业的管理能力取决于企业是否拥有一支具备特殊组织才能和企业家才能的经理队伍。

（5）稳固的营销网络。营销网络是通过一定的管理技术将配送中心、营销网点、信息体系和信息系统等联系在一起，从而覆盖较大的区域市场。从企业竞争力的角度分析，企业一旦在消费者中形成了营销网络，将成为后来者进入该市场的壁垒，从而能在相当长的时间内获得超额利润，而后来者只有大量投入与先入企业进行广告和营销网络的争夺战，才有可能在市场上获得一席之地。

（6）良好的品牌形象。品牌是决定市场竞争胜负的关键，是企业的无形资产，它的基本功能是把不同企业的同类产品区别开来，使之以不同的形象存留于消费者心中。

（7）有魅力的顾客服务。顾客特色服务是企业接近消费者的最直接途径，它可以给顾客带来利益和心理上的满足感、信任感与安全感。

（8）产生强大影响力的企业文化。以共同价值观、企业精神为主要内容的企业文化，是构成企业核心竞争力的个性化、深层次的重要因素。它强烈地影响着企业员工的行为方式，并通过经营决策过程和行为习惯等体现在企业的技术实践和管理实践中。企业文化实际上是企业经营理念及其具体体现的集合。从概念上看，企业文化非常简单，而通常的难度在于找到适合企业特色的文化理念和具体落实。良好的企业文化是企业整合更大范围的资源、迅速提高市场份额的重要利器。

虽然不同企业实际表现出来的核心竞争力不尽相同，但企业核心竞争力的大小最终体现为获利能力、市场份额、企业形象及公众对企业产品和服务的认同等。在知识经济时代，企业的核心能力已经成为市场竞争优势之源，成为企业发展的基石。国外的许多成功企业，在经营过程中早已把企业的核心竞争力作为战略决策的前提。当前，越来越多的中国企业开始重视这一趋势，积极完善自身的核心竞争力，制定长期规划，体现自身的竞争优势，以使企业在激烈的市场竞争中立于不败之地。

关于企业核心竞争力的打造，宁高宁在担任中粮集团董事长时在不同场景下多次进行系统阐述，涵盖企业的技术、品牌、人才、财务、生产、成本、市场、营销等方面，并通过团队学习的方法推动核心能力的建设，最终目标是使企业能够在产品和服务上体现出竞争力。

宁高宁强调不管业务如何整合和布局，中粮集团都要培养出真正的核心竞争力，尤其是每一层经理人的领导能力，各个层次的经理人真正能够带动组织、发展组织、培养组织的领导力。这种能力超出了一般的业务能力，是经理人作为一个组织的领导者，能够发挥每个人的积极性，把整个组织调动起来。他同时强调中粮集团要下决心，坚定地去做研发，建设研发与科技队伍，由科技队伍推动中粮集团的进步，希望中粮集团未来的投资和发展是因为有了发明与技术方面的创新。

操作篇

如何构建核心竞争力

构建核心竞争力的思考维度

一般来说，企业的核心竞争力具有对竞争对手而言越高的进入壁垒，核心竞争力结构中的智能化成分所占的比重越大，企业便可凭借其核心竞争力获得越长期的竞争优势。

构建一个企业的核心竞争力可以从以下八个方面考虑。

（1）规范化管理。企业的规范化管理也是基础竞争力的管理，很多企业都有基础管理差、管理混乱的现象，使企业成本居高不下，在市场上没有了竞争力。

（2）资源竞争分析。通过资源竞争分析，明确企业有哪些有价值的资源可以用于构建核心竞争力，如果有，具体应该怎样运用。

（3）竞争对手分析。对竞争对手的分析能够让企业知道自己的优势和劣势，企业平时要留意收集竞争对手的信息和市场信息，及时掌握对手的动态。

（4）市场竞争分析。企业对市场的理解直接影响自身的战略决策，如果对市场把握不准，就会给企业带来很大的危机。对市场的理解出现了错误，公司的战略也会随之出现偏差，而竞争对手可能趁机占领市场。

（5）无差异竞争。所谓的无差异竞争是指企业不重视其他方面，只强调一项，那就是价格，也就是打价格战。中国的很多企业经常使用这种竞争方法，同质化竞争将导致无法建立竞争优势。

（6）差异化竞争。差异化竞争与无差异竞争相反，是指企业不依靠价格战，而是另辟途径，出奇招取胜。

（7）标杆竞争。所谓标杆竞争就是找到自己有哪些地方不如竞争对手，在超越竞争对手的时候设立标杆，每跳过一个标杆，再设新的标杆，这样督促自己不断进步。

（8）人力资源竞争。人力资源竞争直接关系到企业的核心竞争力，人才最重要，企业必须重视人才、培养人才、留住人才。

构建核心竞争力的指标体系

从资源和能力入手辨识核心竞争力，具体的指标可能涉及资源投入、产出及效率。这样就将常用的企业管理分析方法导入企业核心竞争力的研究，作为核心竞争力重要构成的隐性知识、品牌个性和企业文化等因素，尽管难以直接测量，但可以从企业的产出和效率间接表现出来。

资源是企业自身拥有或可以获取并用以提供竞争力基础的资产，包括内部资源和外部资源。企业的内部资源是竞争力的前提。例如，对于一个程控交换机制造商来说，内部资源包括胜任工作的职工、先进的研发设施和投入、充足的资金、现代化的设备，以及有效的信息系统。通过企业联盟、合资企业、内部许可、分包合同等形式，从外部获取资源提升企业自身的核心竞争力也非常重要。企业可以在价值链上的任何一个阶段借用外部资源，由于程控交换机的设计、开发和加工涉及领域广泛，没有一个制造商能够自行提供所需的所有资源，外购和合作是必要的。

能力是企业在培育和提升竞争力的过程中，有效配置和使用资源，促进和管理经营，形成核心技术，进行组织变化的技能。能力可以分为技术能力和支撑能力。技术能力是一组具有技术特性并依附于技术型人才的技能。用户参加新产品开发，就能使制造商在新产品投入生产之前了解和掌握市场需求，避免在产品投放市场之后再做修改，可以节省大量时间和资金。尽管程控交换机系统的总体设计在创新过程早期就已完成，但作为一种定制化产品，在集成和安装之前，还必须根据特定用户的特殊要求进行修改和完善，加之安装、开通、调试和维修均在用户端进行，因此制造商与用户密切联系至关重要，用户参与产品开发就是支撑能力的一种体现。

通过问卷调查和访谈、采取模糊评价等方法，可以筛选出一批比较重要的指标，即关键资源和核心能力。由于有的指标具有相关性，因此可以在案例分析的基础上，采用聚类分析法进行归类，再从每一类中挑选出具有代表性并易于使用的指标，最终形成辨识核心竞争力的指标系统。

企业的核心竞争力是一篇大文章，辨析是前提，辨识是起点，后面还有培育、建立、积累、配置和保护等大量工作要做。要使企业真正成为具有核心竞争力的组织，确立可持续发展的竞争优势，需要进行的理论探讨和实践摸索非常多。

构建核心竞争力的基本步骤

核心竞争力是竞争力中的一组最为核心和关键的因素，而竞争力又由资源和能力构成，因此对于企业核心竞争力的研究越来越注重对公司资源和能力的分析。企业核心竞争力的辨识可以首先从企业的资源和能力入手，从中发现企业的竞争力，然后确定哪些竞争力能够构成核心竞争力。具体操作可分为以下三个步骤。

（1）资源和能力分析。建立企业核心竞争力的分析指标体系，评估企业内外部资源和技术能力及支撑能力指标的表现。

（2）竞争力分析。比较该企业与同行业其他企业的表现，找出该企业相对于其他企业的优势资源和能力，从中界定出该企业的竞争力组合。

（3）核心竞争力分析。逐一检验竞争力组合因素是否符合核心竞争力的特征，即是否符合企业的发展和竞争战略：与企业的目标和长远规划相一致？是否具有价值，能够提高企业的经营管理效率、降低成本，对最终产品中的顾客利益有突出贡献？是否具有独特性，独具特色和个性，有助于企业进行差异化经营？是否难以模仿，难以被其他企业学习？是否不可替代，难以被竞争对手替代？是否能提供进入市场的潜能，衍生出一系列的产品和服务满足市场需求，有利于扩大经营范围？

方法工具篇

构建核心竞争力的方法

标杆管理与团队学习法的有机结合

在打造企业核心竞争力的过程中，有一种管理工具是必不可少的，那就是标杆管理。标杆管理在 20 世纪 80 年代末期由施乐公司发明，在业务改善方面发挥了重要作用，也经常被大家提及和使用，但真正把它作为一个工作方法，有效地用于企业核心竞争力打造的却不多。

在宁高宁的带领下，2012年中粮集团在企业内部全面推行标杆管理，将标杆管理作为一种思维方式，融入企业管理的各个方面。宁高宁在公司内部多次强调，标杆管理是推动集团向外看，向市场看，向竞争对手看，推动集团建立系统，不断学习。标杆管理就是要建立一个通道，让竞争信息不断触及组织思想里深层次的东西，激发出组织持续的、积极的走向市场和参与竞争的行为。

标杆管理从本质上说并不是简单的工具，它是一种思维方式，及时承认这个世界不断发展，承认市场有竞争，承认竞争对手在不断进步，承认能跟随并超越对手，它使每前进一步都必须知道市场是什么状态。详细分析对手，不是去怀疑对手，而是真正虚心地反思自己，实事求是地学习对手，实事求是地面对市场。

标杆管理也是一种竞争的方式、学习的方式、进步的方式，可以落实和体现在企业工作中的方方面面。企业出现问题，绝对不是简单的财务报表出了问题，把问题梳理清楚并不容易，但是通过推行标杆管理可以找到原因，找到改善的方法。标杆管理第一是要有结果对标，第二是要有过程对标。对标和改善做细，持续坚持，就有了执行力。有了具体的方法和路径，就可以对比战略制定、投资行为、行业竞争力、国际化水平等多个方面。

标杆管理不是简单地比成绩、比结果，不是经验性对标，背后有科学原理和不断发展的工具方法。标杆管理首先要识别差距，尤其是从竞争对手或者跨行业的优秀标杆那里找差距，从差距出发分析流程，寻找最佳实践，然后落实到流程改善，最后通过流程能力提升实现业务提升。

美国质量管理协会前主席、国际标杆管理研究大师格雷戈里·H.沃森（Gregory H.Watson）先生认为，业务改善的本质就是流程改善，是用流程把资源和客户串联起来，是流程帮助组织实现价值创造。因此，所有分析问题和解决问题的过程，都必须围绕流程展开。只有流程能力提升带来的结果才是可靠的、可复制的。标杆管理既要重视对标，也要重视流程改善，才能从根本上抓住促进业绩产生突破性提升的动力循环。这个改善行为本身也是一个过程，需要分析、规划和管理，需要团队，这就是一个团队学习的过程。这个过程管理得好，资源运用得当，就能迅速交付成果，就能持续不断地、有步骤地解决一批批问题。能做好对标分析、实现对标改善的人才，是企业的财富，是业务增长的驱动因素。

中粮集团标杆管理的应用历程与发展阶段

中粮集团从 2011 年 8 月开始启动构思和实施标杆管理，这个阶段以强调对标考核为主，同时进行初期的方法准备和行动准备。中粮集团推进标杆管理的起点是考核，要在考核中引入对标。时任董事长宁高宁多次谈到，中粮集团必须是一家市场化的企业，必须走市场化的道路，最重要的评价依据是股东和市场评价，价值创造过程也要指向股东和市场评价，这个方向绝对不能缺少。在考核中导入标杆管理，就是要彻底扭转不看市场、不看竞争对手，只与自己比、与历史比的惯性思维和绩效态度。比是态度问题和行为问题，最终解决的是结果的问题，那就是落后的业务要有明显进步，要赶上或者超过竞争对手，中粮集团要普遍赢得股东好评和市场好评，这是推动标杆管理的初衷和缘由。

经过大半年的准备，中粮集团在 2012 年 5 月的经理人年会上全面启动标杆管理，发布了标杆管理八步法（见图 6-1），各单位通过研讨制定了标杆管理工作规划。2012 年下半年，集团开始在 6S 管理体系中实施对标（见图 6-2），从上到下逐级培训八步法，推动各单位开展标杆管理工作。

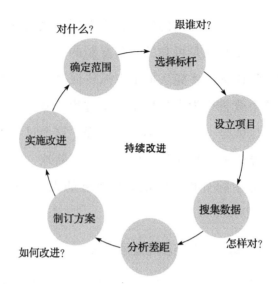

图 6-1 标杆管理八步法

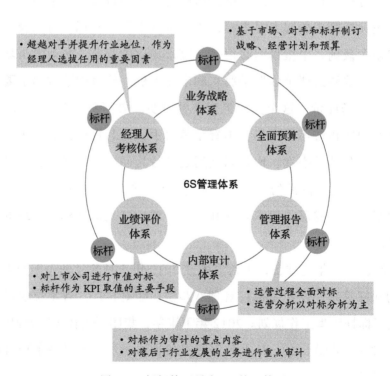

图 6-2 标杆管理贯穿 6S 管理体系

2013年4月，在集团标杆管理经验交流会上，各单位分享了一年的标杆管理工作进展情况，研讨了新的规划。会上宁高宁全面阐释了中粮集团推行标杆管理的总体设想，提出了标杆管理是中粮集团向市场的一个宣誓。2013年下半年，中粮集团再次加大工作力度，明确基于对标确定2014年的预算目标，把绩效方向强力向市场和竞争对手牵引。集团战略部牵头，在原有基础上，进一步推进标杆数据库建设，努力建设扫描市场的雷达和智力系统。产品力对标、打造超级单品等行动陆续开展，集团职能部门和各业务单位也在各自的工作中积极运用对标方法。

光有对标是不够的，还得会改善、能改善，业务单位迫切需要改善自身、缩短差距、追赶对手，这也需要具体方法和能力。如果说对标分析花10分功夫的话，优化改善就要花90分功夫，如果没有改善，差距永远都在，就失去了对标的意义。2013年7月，中粮集团将团队学习法与标杆管理进行全面对接，运用工作坊的方式开展工作，成立项目组，全程跟踪、支持和推进每一个标杆项目的落地和达成最终结果。

通过引入流程管理、项目管理，使问题思考得更深入，一次次触碰甚至打破自身固有的思维盲区。"用流程打开业务，用项目推动落地"，2014年3月，集团明确了各级标杆管理工作机构和人员，要求各级一把手亲自担任标杆管理领导小组组长，并充实和完善各级标杆管理办公室的人员。

2015年3月4日，集团再一次召开标杆管理推进工作年会，宁高宁指出，中粮集团在基本完成了全球业务布局的形势下，要把标杆管理作为集团提升执行力和运营管理水平的主要抓手。集团对标杆管理工作重要性的认识达到了一个新的阶段，工作方向和工作目标更加清晰。

案例篇

团队学习法在中粮集团经营管理的各方面都有广泛应用，有效地推动和促进了业务的发展，尤其在企业核心竞争力打造方面起到了非常重要的作用。中粮集团在技术、品牌、人才、财务、生产、成本、市场、营销等方面均举办过专题团队学习，对核心竞争力的形成产生了重大影响。

现将"中粮集团'标杆管理系统'团队学习""2019年'两化'高层研讨会""中粮集团'战略营销和渠道管理'团队学习"和"中粮集团 B2B 业务与大客户营销"几个方面运用团队学习方法的应用实践分享给大家，以供研学和探讨。

/ 案例6-1 /

标杆管理工作坊：中粮集团"标杆管理系统"团队学习

背景

2015年是中粮集团开展标杆管理工作的第四个年头，标杆管理工作在集团总部、各经营单位都取得了广泛的共识和认可，并且有效地推动了管理效率的提升及业务指标的达成，标杆管理已经成为中粮集团重要的管理工具和方法。标杆管理与中粮集团诸多管理工作的有效结合，提升了标杆管理在企业管理各环节使用的有效性，极大地推动了组织的进步和发展，成为中粮集团重要的工作方法。

问题

2016年标杆管理工作如何开展？

过程

（1）人员：中粮集团及各业务单位标杆管理领导小组及标杆管理办公室主要成员共50人参加本次会议。

（2）时间：2015年12月。

（3）地点：在忠良书院举办。

（4）角色：中粮集团标杆管理办公室主任担任催化师。

（5）流程：这次团队学习历时三天，分为以下三个阶段。

第一阶段：导入阶段。

该阶段重点回顾2015年标杆管理工作进展情况。各单位就标杆管理进展情况做了专题汇报，中粮集团战略部对各单位进行质询、诊断并提出建议。

该阶段还导入了内外部优秀案例。外部优秀案例两个：一个是某知名企业如何进行组织知识的采集和共享，另一个是某知名企业如何推进精益六西格玛。这两个案例极具典型特征和代表性，是行业内学习的标杆，很值得借鉴。内部优秀案例为中粮集团2015年对标改善项目知识萃取的案例，系统介绍了步骤和方法，旨在有效地将项目经验转化为知识。

第二阶段：回顾展望。

本阶段由中粮集团标杆管理办公室对2015年中粮集团的标杆管理工作进行系统总结回顾，并对2016年的初步设想和展望进行了沟通。重点就如何用标杆管理推动战略执行进行系统介绍，突出标杆管理在战略落地和推进业务方面的重要作用和意义，有效推动标杆管理与战略工作的有效结合。

第三阶段：研讨汇报。

研讨题目是各经营单位2016年标杆管理工作计划及选题方向，各单位经过半天的专题研讨，运用团队学习的结构化研讨方法，制订了针对性极强的工作计划和与业务紧密结合的专题项目。

汇报环节，中粮集团标杆管理办公室主任认真聆听了各单位的专题汇报，对汇报内容进行了质询和点评；各兄弟单位之间也进行了互评和交流，对重点工作进行了明确和强调；在共性问题上，集团标杆管理办公室承诺将协调资源进行系统的解决和专项的支持。

（5）产出：明确了2016年标杆管理工作的重点，指明了拼搏的目标和方向。

关键成功要素

（1）标杆管理与业务实际密切结合，通过团队学习的方法统一目标与方向，明确阶段性工作的重点。

（2）标杆管理与团队学习方法相结合，通过工作坊的方式，有效地推进标杆管理工作的开展。

（3）相关人员参与度较高，通过标杆管理团队学习中的经验分享，进行横向的对标和参考，有利于获取间接的经验。

/ 案例6-2 /

对标先进，创建一流：2019年"两化"高层研讨会

背景

国际化工行业的格局因为巨头的整合正在发生深刻的变化，全球的业务越来越集中到为数不多的行业巨头手中，产业链的竞争逐步代替产品的竞争，解决方案在替代单个产品的销售。大的化工产业链，包括石油化工和农业，大规模技术研发、全球布局、跨行业分类、大型园区、高标准的安全准则，已经成为行业发展的趋势。中国的化工市场很大，但除了炼油行业，公司的规模都比较小，实力也比较弱，没有真正领先全球的化工企业。

问题

中化集团与中国化工集团都是以化工为主业的央企，尽管资产总量加起来与行业巨头相差无几，但目前只是资产体量而已。在全球化工行业的竞争格局下，企业的技术、质量、整体的市场竞争力、创新发展能力、经营盈利能力、可持续发展能力等与世界一流企业的差距还很大。两家企业如何成长发展、赢得市场话语权、持续地为国家创造价值与做出贡献？

过程

（1）人员：中化集团和中国化工集团组织两家企业70多名高层管理者参加研讨会。

（2）时间：2019年4月，召开了为期三天三夜的战略研讨会，运用团队学习法开展以"对标先进、创建一流"为主题的专题研讨。

（3）角色：中化集团董事长兼中国化工集团董事长宁高宁担任总教练。

（4）流程。

第一阶段：研讨导入阶段。

兼任两家企业董事长的宁高宁发表开题讲话，从国际到国内、从专业到市场、从当前到未来的发展趋势多个角度对化工行业所面临的大环境进行全面分析。

宁高宁指出，中化集团和中国化工集团可能在某个领域做得不差，但整体技术能力、市场能力、财务能力、发展趋势、可持续性还差得很远，而这些方面，国际领先的企业有很多经验可供借鉴，要真正理解这些公司，理解它们成功的核心要素是什么。

用标杆管理方法，把自己放在世界一流企业的群体中进行比较，放在全球统一的水平和角度来看待自身的问题，以世界一流企业的标准、要求、境界来看我们的发展、看未来。了解自己在世界一流企业坐标系里的位置、趋势是什么，必须关注的真正的核心指标是什么。要找到某种路径，让公司未来能够真正变成有技术、综合性的、世界一流的企业，这是我们共同的目标。

第二阶段：主题研讨阶段。

第一环节：是什么？

对标企业的成功关键要素。

工具：团队列名法。

各小组用团队列名法讨论对标企业的成功关键要素并对其达成共识。与会成员从发展战略、企业文化、合规运营、HSE管理、科技创新、组织架构、人力资源、财务管理、考核评价、社会责任、市场营销、供应链管理等多个要素阐述了对国际一流化工企业的理解和认识。

第二环节：为什么？

深层剖析对标企业成功的原因。

工具：思维导图。

运用工具寻找对标企业成功的原因和路径。

- 坚持战略要求，市场驱动，资产与业务有进有退。
- 业务组合管理、运营过程有效协同。
- 实施顶层设计规划布置，源头资源协同降低产品成本。
- 与战略协同的长期稳定的研发投入，有序按计划出创新成果。
- 高素质的员工队伍。
- 一体化运营，形成产品领先，低成本。
- 客户导向，与客户协同，共同盈利、创造价值。
- 强大的组织协同能力。

……

第三环节：找差距。

比对与对标企业的差距。

工具：雷达图、收益难易矩阵。

每个小组基于小组形成共识的对标企业成功的关键要素，以每个要素为一个维度，每个维度满分10分，分别对标企业和所在集团进行评价打分，画出雷达图，直观呈现出差距。

与对标企业的差距主要体现在以下几个方面。

- 一体化运营生产基地分散，未形成上下游一体化的产品链。
- 战略选择增量业务投入不够，非核心业务退出决心不够。
- 科技创新研发与战略、客户关联度低，缺乏技术转化的工程化能力。
- 可持续发展HSE挑战大，尚未延伸至供应商和客户。
- 治理结构股权集中，缺少战略投资者，缺乏科学有效的治理架构。
- 人才队伍缺乏研发等领域的领军人才。
- 客户导向缺乏。

- 两化发展需要"新四化团队",即团队的多元化、专业化、市场化和全球化。
- 研发体系建设需要工程化、开放化和数字化。
- 一体化运营战略。

……

在关键成功要素多维度评价对比的基础上,通过收益难易矩阵将可以实施、需要重点推进的事项按立即行动、持续推进、系统升级、保持关注四类进行归类,找出对标提升的切入点、重点和方向。

第四环节:制订行动计划。

每个小组基于纳入立即行动、持续推进、系统升级、保持关注的事项、重点制订了行动计划。每个小组都产出了富有成效的研讨成果,把自己放在世界一流企业的坐标系中客观地评价自己、找到差距、找出奔向优秀企业的方向和途径,以事业部为单元制订行动计划。

第三阶段:归纳总结阶段。

宁高宁高度总结提炼了本次团队学习的研讨成果,并在此基础上提出企业实现均好可持续发展的企业价值管理四要素模型(见图6-3),模型的最中央是核心团队的出发点,包括党的领导、使命和价值观,企业要在社会、客户、股东、员工四个方面实现价值。宁高宁指出,组织的存在就是为了社会好、客户好、股东好、员工好。第一,企业为社会好,就是要履行企业公民的职责,承担社会责任,树立品牌形象;第二,企业为客户好,就是始终以客户为中心,用公司战略引领科技创新,以科技创新驱动卓越运营,提供更好的产品和服务,为客户创造价值;第三,企业为股东好,因为我们是国有企业,股东好也就是国家好;第四,企业为员工好,就是以人为本,建立能够发挥员工活力和创造力的组织架构,促进员工与企业共同成长。在实际运作中,这些要素是运动、循环、交织在一起的,很难分开,企业均好才可持续。

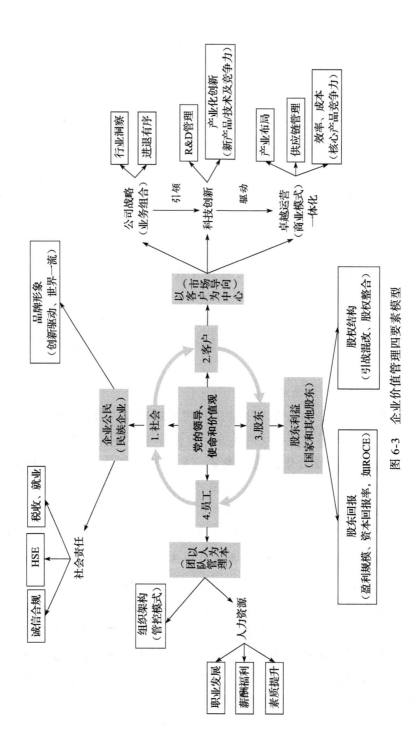

图 6-3　企业价值管理四要素模型

（5）产出：研讨会也形成了很多共识。

- 一体化是理念更是实践，协同很关键。
- 高度不够、领导力不够、思想统一不够。
- 用量化指标衡量进退，以行业前瞻引领未来。
- 战略的核心在客户，管理的核心在员工。
- 前瞻性的战略洞察力是战略制定的前提。
- 如果有了小圈子的私心，任何团队的建设都是无力的。
……

关键成功要素

（1）企业战略的选择是核心打造的重要部分，通过战略的指引有效地推动业务的发展。

（2）战略的选择是集体的智慧，通过团队学习的方法，有效地达成战略的共识。

（3）通过战略研讨，一把手可以更清晰明确地了解业务的真实情况、大家的真实想法，所以有必要创造畅所欲言的氛围。

/ 案例6-3 /

营与销：中粮集团"战略营销与渠道管理"团队学习

背景

2009年注定是中粮集团历史上不平凡的一年。中粮集团提出全产业链粮油食品企业的新战略，成为蒙牛集团的大股东，"产业链，好产品"理念开始被消费者认知和认可。中粮集团的业务开始由产业链的上游、中游向下游品牌食品领域延伸，在品牌管理能力、渠道管理能力和研发创新能力方面面临巨大挑战，团队学习成为当时解决问题的重要法宝。

问题

如何开展战略营销与渠道管理？

过程

（1）人员：中粮集团各业务营销相关负责人54人。

（2）时间：2009年7月，为期五天。

（3）角色：中粮集团董事长和总裁担任催化师。

（4）流程。

第一阶段：团队熔炼。

通过团建活动快速打破学员的陌生感，增加信任，为团队学习深入交流做好准备。团队熔炼环节使团队更具组织感，明确角色分工、职责要求和任务目标等，有效地帮助学员进行角色转换，由工作岗位上的管理人员转变为书院学习的学生。学生之间的称谓由某总转变为直呼其名，层级感减少，有利于同学之间畅所欲言。

第二阶段：导入。

第一天上午进行问题导入和理论导入。问题导入部分，由主管营销的领导进行了开班讲话，详细讲解中粮集团全产业链战略的情况，布置营销和渠道方面需要根据集体新战略要求进行优化调整的任务。理论导入部分，邀请业内营销专家分享渠道创新理论及实践，包括销售渠道的种类和优劣势、渠道选择的基本原则、渠道发展的趋势、如何使用网络进行营销等，为与会人员做好知识储备。

第一天下午和晚上进行经验教训的导入。中粮集团各业务单位进行分享，B2C业务重点分享销售渠道管理，B2B业务重点分享销售管理和客户管理。先后由中粮集团大米、小麦、油脂、酒水、茶叶、饮料、休闲食品、厨房食品、包装等业务部门进行经验分享。

第二天上午和下午进行了外部经验导入。邀请外部行业专家就"战略营销管理与品牌打造""康师傅营销管理""中国楼市渠道发展和演变""宝洁分销商发展简介""零售业发展对供应商的挑战与机遇"等专题做演讲。

第三阶段：主题研讨。

第三天晚上启动分组研讨，研讨题目为：在全产业链粮油食品企业的发展战略下，中粮集团应该如何进行有效的渠道建设？

第四天进行分组研讨并准备最终汇报。研讨分五个组进行，每个组10～11人。研讨小组由组长牵头，并担任小组的催化师，引导和控制研讨的进程。小组内还选举了纠偏员，主要控制研讨时间和话题，防止研讨中出现时间拖延和研讨跑题等现象。记录员负责如实记录每一个研讨发言的关键要点。呈现员负责汇总和整理汇报材料，并代表小组进行研讨结构汇报，全面、系统、准确地表达小组的意见和想法。

第五天上午进行研讨结果汇报及点评总结。汇报以小组的方式进行，由小组呈现员代表小组进行汇报，评委从对问题分析的深入程度、解决方案的创新性、解决方案的可行性等方面进行评分。

呈现员汇报结束后，进入现场答疑环节，评委及学员根据汇报内容进行质疑及提问，由呈现员进行解答，如有需要也可以邀请本组同学进行补充和解答。此环节类似论文答辩的过程，评委和学员均需要提前做好充分准备。

汇报结束后，问题的发起人（集团领导）对各组呈现的内容进行点评，明确优劣势、长短板，并提出对各组方案的意见和建议。

（5）产出：明确下一步具体的落实要求、后续的行动计划，明确到时间点和负责人，保证方案的执行效果。

关键成功要素

（1）营销与渠道是企业重要的核心竞争力，在业务战略清晰的基础上，如何开展营销成为业务落地的关键。

（2）营销和渠道的方式与方法要打开眼界向外看，不断通过对标的方式，强化企业的核心能力。

（3）学员是方案落地的主体，所以必须让相关落地人员参与到团队学习项目中，有利于后续的落地和跟进。

/ 案例6-4 /

服务大客户："中粮集团 B2B 业务与大客户营销战略"团队学习项目

背景

中粮集团 B2B 业务是中粮集团营业收入和利润的主要贡献者，涉及集团多个业务单元，是全产业链上游和中游的主要出口，也是很多业务单元的立身之本。因此，发现并分享 B2B 业务存在的问题并找到相应的解决方案，建立中粮集团业务发展的关键动力，构建 B2B 业务竞争优势，对集团未来的成功发展至关重要。

在 B2B 业务的核心要素中，大客户销售是非常关键的一环，从本质上讲，企业的一切活动都围绕着客户以及如何进行客户经营展开，企业战略的核心在于先见的客户洞察、精准的客户选择、有规模的客户拓展、高效的客户沟通、贴心的客户服务、个性化的客户维护，并逐渐固化到全新的可持续的客户经营模式。

在经济全球化、一体化过程中，商品竞争日趋激烈，产品同质化日趋严重，我们以何种理念、何种战略、何种管理架构、何种管理工具和方法来实现长期的可持续的客户经营，进而实现可持续发展和卓越绩效，显得尤为重要。

问题

中粮集团提出打造具有国际水准的粮油食品企业的发展战略，意味着集团的产业布局速度进一步加快，意味着快速发展和扩张。要想进一步做大、做强和做实下游出口即客户端，需要建立系统的、可持续发展的客户经营发展战略和规划，特别是针对集团的核心战略客户，有计划、有步骤地开发、培养和经营客户资产，对中粮集团打造具有国际水准的粮油食品企业的发展战略的落地有着重要的意义。

中粮集团各业务单位的 B2B 业务基本都是独立经营，亟须进行高效协同、资源整合，以更好地满足大客户需要，为客户提供一站式服务，让大客户离不开中粮集团，实现与赢者共赢。

在这样的背景下，按照中粮集团打造国际水准全产业链粮油食品企业的战略目标要求，为了全面提升集团 B2B 业务水平和大客户营销水平，加强大客户营销管理体系和队伍建设，提升大客户营销的整体性和管理的有效性，促进中粮集团大客户营销团队的交流融合，构建中粮集团协调竞争优势，集团战略部、人力资源部等多部门联合发起和组织 B2B 业务与大客户营销战略团队学习。

过程

（1）人员：集团及业务相关人员 100 人。

（2）时间：2011 年 3 月，为期四天。

（3）角色：集团董事长、总裁和副总裁担任催化师。

（4）流程。

第一天

中粮集团董事长亲临现场做开班讲话，并对集团的战略目标及此次团队学习的最终结果进行强调和说明，启动 B2B 业务与大客户营销战略团队学习。中粮集团副总裁进行会议导入，介绍项目启动的原因和布局情况，以及中粮集团 B2B 业务的整体情况，并对愿景与目标做了 45 分钟的专题分享。请两位外部专家分别介绍了"国际领先 B2B 企业的业务理念和实践"及"B2B 业务核心竞争力和竞争优势"。集团总裁对当天内容进行小结，并布置研讨题目：基于中粮集团 B2B 业务的现状、挑战与目标，探讨如何打造中粮集团 B2B 业务的核心竞争力，形成竞争优势。学员针对研讨题目进行了深入的研讨，形成了各组的初步意见和建议。

第二天

首先，对第一次研讨的成果进行汇报，由集团副总裁主持并现场催化，集团总裁对各组的汇报情况进行点评，相关领导和评委进行评价打分。

其次，进行第二次研讨专题的导入，由集团内外部专家和相关负责人分别导入"通用磨坊如何与供应商共赢""中粮集团客户分析报告""中粮集团大客户的战略思考与规划""谁是中粮集团的大客户"

等内容。

最后,集团总裁布置第二次研讨的题目:谁是今后中粮集团发展的战略大客户?

1)确定中粮集团层面战略大客户的甄别标准(包括关键指标、权重、评断标准)及分级标准。

2)根据甄别标准,列出集团层面应该关注的 20 个大客户名单。

3)确定中粮集团 B2B 大客户的甄别标准和分级标准。

学员针对研讨题目进行了深入的研讨,形成了各组的初步意见和建议。

第三天

首先,对第二次研讨的成果进行汇报,由集团副总裁主持并现场催化,集团总裁对各组的汇报情况进行点评,相关领导和评委进行评价打分。

其次,进行第三次研讨的导入,由集团内外部专家分别导入"大客户的需求是什么""如何满足大客户需求""如何让大客户离不开中粮集团"等内容。中粮集团生化能源事业部、小麦加工事业部、粮贸部、油脂部的相关负责人,分别做了大客户营销最佳实践分享。

最后,集团总裁布置第三次研讨的题目:集团如何开展对大客户的交叉销售及一站式服务?在这个过程中大客户部和业务单元分别应该承担什么样的职责?

针对大客户营销工作重点,分别就外部市场、客户反馈及分析内部供应链支持、研发支持,列举出切实可行的工作计划。

根据 5A 大客户分级,中粮集团应分别提供哪些服务(类别、形式、频次等)?

第四天

首先对第三次研讨的成果进行汇报,由集团副总裁主持并现场催化,集团总裁对各组的汇报情况进行点评,相关领导和评委进行评价打分。

(5)产出:四天的团队学习进行了三个主题的导入、研讨、汇报、催化和关闭。通过团队学习明确了任务和目标，对后续工作达成共识，为业务整体调整和优化做好了充分准备。

关键成功要素

（1）对多主题的团队学习项目要进行主题的分解，通过一个个小专题的讨论，构成一幅完全的全景图。

（2）团队学习的过程也是学员学习成长的过程，参与人员会通过间接学习的方法，快速地获取知识和经验，解决遇到的实际问题。

（3）一把手对团队学习推动核心竞争力打造的重视和参与的程度，对结果有重要影响，所以一把手必须积极参与重要的团队学习项目，并担任催化师等角色。

第 7 章

执行 – 贯彻实施

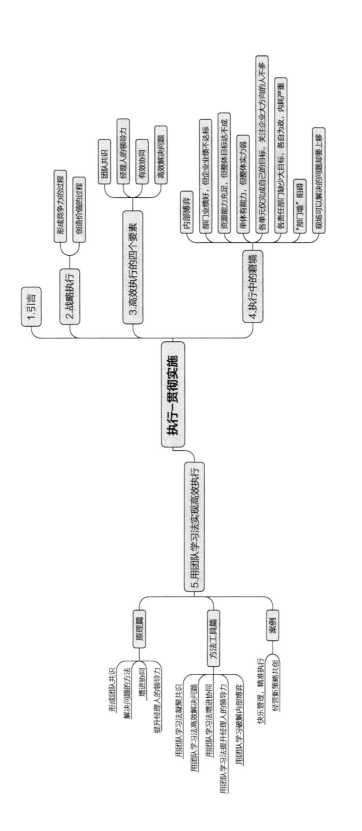

执行是战略落地、战略价值的关键环节。在执行过程中，全员提升对企业战略目标、战略重点的理解和认同，形成团队共识，使个人目标与组织目标达到有效融合，激发团队"愿力"；经理人不断突破对自我认知的局限，持续提升领导力，带领团队做对的事，并能把事做对、做好；有效洞察问题，通过团队的智慧找到问题的根源和解决办法，激发团队的创造力，制订实施有效的行动方案与措施，高效解决问题；资源实现"云管理""云链接"，企业的人才、知识经验等各类优质资源在企业内无边界、无障碍地始终围绕战略目标和经营重点有序流动，在具体执行中各单元达到高效协同。这些都是这个环节需要重点关注和解决好的问题。

战略执行

宁高宁说做好企业的关键五步是选经理人、组建队伍、制定战略、形成竞争力和价值创造。

企业战略确定后，就是执行力和管理的问题，包括产品技术、成本、价格、市场、品牌、人才、财务、资金等，然后就是价值创造的过程。

有多少企业可以在不增加或少增加企业有形资产值的条件下增加企业价值呢？这种价值的增加可以表现在企业市值的提高、盈利的增加、市场份额的提高等方面，它要求企业有合理的资产组合，清晰的业务方向，不断创新的产品、技术、服务，贴近客户的服务网络，有信誉的商标，先进的管理机制和优秀的企业文化等，而不是单纯的实物资产的增加。

执行贯彻实施是企业形成竞争力和价值创造的过程，是运营好企业的关键过程之一。

高效执行的四个要素

1. 团队共识

一支有生命力、有战斗力的团队,大多会表现出对组织目标的深刻理解与执着。

美国管理学家埃德温·洛克提出,有专一目标,才有专注行动。[一]

在统一目标的引领下,团队同心同向、靶向精准发力,从源头上保证组织的高效执行力。组织中的每个人都能高度认同企业的愿景使命,清楚企业的战略目标,形成共识,达到"上下同欲"的状态。每个人都了解各自的任务,都能围绕企业的战略目标自动自发地开展工作,都能做对的事并把事做对、做好、做到位,这是每个企业都想要的自驱的高效执行的理想状态。

认知学派认为,人类的认知、情绪、行为中,认知承担的是中介与协调的作用,认知直接影响个体是否采取行动[二]。人在高度认同时会产生深度的自觉行为,无怨无悔为之奋斗、奉献、付出。可见,高度认同的团队共识是组织高效行动力的重要基础。

2. 经理人的领导力

经理人对战略的理解认同度在某种程度上代表了也直接决定了他在具体的战略贯彻实施中认清战略大方向、带领团队围绕中心做正确的事的能力。经理人的大局意识、组织站位、专业素养、带队伍打硬仗的综合能力直接影响企业在具体运营中做对事、做好事、高效做事、创新做事的能力。

宁高宁在中化集团的一次会议上说,通过战略思维的培训和耳濡

[一] 彼得·德鲁克. 管理的实践 [M]. 齐若兰,译. 北京:机械工业出版社,2009.
[二] 斯滕伯格. 认知心理学 [M]. 杨炳钧,等译. 3版. 中国轻工业出版社,2000.

目染，对公司的转型、发展产生认识，这个非常有必要。但是反过来说，今天如果我们要继续提升，随着竞争环境和业务发展的变化，专业化地解决问题对我们而言更重要。专业化地解决问题的过程，包括从分析问题到提出方案再到执行下去，这就需要解决方案。专业方案的提出是领导力的重要组成部分，拥有这种领导力的领导容易有跟随者。

经理人是企业战略执行的组织者也是企业战略的执行者，经理人的领导力直接影响企业的一体化协同作战能力、整体活力、遇到问题快速反应并马上行动的专业能力，直接体现了企业的执行能力和水平。

经理人的领导力是企业高效执行的关键要项。

3. 有效协同

关于协同的价值，宁高宁曾经说了一句比较形象的话，他说协同好比炒菜，各种食材放在一起炒后味道提升了才是协同的价值。

铝合金、钛合金的性能高于其任何一种成分单独存在时的性能，双金属、多金属产生的协同价值体现得更直观。

有效的协同是创造价值的过程，没有协同则有可能是个内耗的过程。NBA 历史上有个经典案例，2004 年 6 月，NBA 巨星科比、奥尼尔、马龙、佩顿等组成的湖人队完败 14 年来第一次闯入总决赛的一支东部球队。

当团队有了协同，正常可以收获 1+1=2 的结果，当协同发现了新价值，创造了新价值，就可以收获 1+1>2 甚至 1+1>>2 的结果。反之，当团队没有了协同，面临的就是 1+1<2 甚至是负的结果。

诺贝尔经济学奖得主保罗·罗默说，我们所犯的错误就是总以为所有问题都是资源短缺导致的，其实最大的问题是个人利益与社会利益的协同。

个人最优并不能自动实现总体最优，整体好才是真的好。

将其放到企业经营的场景中，单项业务盈利能力强、某个要素有竞争力并不能简单组合出优秀的企业，实现组织整体高业绩、高质态发展。

北京大学国家发展研究院教授陈春花在《激活组织》中首次提出：管理的效率不仅来自分工，更来自协同[⊖]。

企业家希望有这样一种组织：组织的各级目标相互关联，职能部门能很好地理解业务部门的需求并为其提供有效的授权让其拥有参与市场竞争所需要的一定的激励资源支配自主权，提供专业指导和资源支持助力业务成长；业务部门能很好地理解、认同组织愿景，自觉融入、协同组织战略，凝心聚力保基础、做增量，创新创造谋发展，最终有效形成合力，实现组织的高绩效目标达成与进步发展。

高效协同是企业执行力水平的综合体现。

4. 高效解决问题

企业在营运发展中、战略推进中不可避免地会遇到这样那样的问题。从企业的整个生命周期而言，企业的成长发展过程就是一个不断发现问题、解决问题的过程，各种新问题的出现推动着组织变革与发展。

当企业的战略执行、经理人的领导力和组织的执行力、营运水平、企业资源配置、管理、文化等与企业发展需求不匹配或者冲突时，各类预料中的、预料外的，事先有预案的、让人束手无策的突发事件等问题都有可能会出现。解决问题是正常的企业运营实务的重要组成部分。解决问题的速度、水平、效率在一定程度上代表着企业的核心能力、竞争力：做同样的事情，能否比别人做得更好？生产同样的产品能否比别人效率更高、质量更好、给客户带来更多的价值服务？同等资源条件下能否创新为企业创造更多价值……

高效解决问题是企业执行力水平的过程展示。

⊖ 陈春花. 激活组织：从个体价值到集体智慧［M］. 北京：机械工业出版社，2017.

执行中的窘境

现实中企业经常遇到以下情形。

（1）企业总部与业务单位、职能部门与业务单位、组织内的上下级在现实中形成了博弈的关系。

（2）CEO往往会感到困扰，分开看每个责任主体的目标任务都完成得很好，合起来，企业整体的效益并不好，甚至整体目标达不成。

（3）明明有资源保障和能力达成企业的目标，结果却是"无缘由"的出人意料的糟糕。

（4）用心搭建的团队，成员的综合素质好，能力都很强，却做不好事情，出不了成绩，实践中整体合力、实战能力衰减得让人不敢相信。

（5）各单元聚焦聚力于完成各自的目标任务，企业的战略目标大方向只有少部分人关注。

（6）各责任部门缺少大目标、大方向意识带来的各自为政、"部门墙"甚至相互博弈、内耗等各种内生的问题困扰着不少企业的CEO。

（7）数据和信息在流转中滞后、滞留、失真，甚至出现通道堵塞和传递不畅，部门之间无形的墙把本应是一体化的团队生生割裂。

（8）明明现场可以解决的问题却要上移……

……

这种窘境不少企业都似曾相识，很多企业家为之困惑。

用团队学习法实现高效执行

原理篇

如何消除博弈、避免内耗？如何拆除"部门墙"、增进协同？如何让各类优势要素资源创造价值？如何提高经理人团队的领导力？如何使组织具有高效、高水平的专业执行能力？怎么激活组织和提高一体化作战能力？

企业稳、准、快，高效处理问题的能力是怎样炼成的？优秀标杆企业解决这些问题的秘诀是什么？

随着技术的发展和社会的进步，越来越多的工作需要跨专业的多边合作才能完成。如，VR设计涉及IT、艺术、动画、哲学、仿生学、心理学等各种相关技术专业；汽车设计不仅涉及车辆工程专业，智能化工厂生产装置需要的专业已跨越了原有的设备、工艺专业。不管你愿意不愿意，大数据、IT、VR、AR技术都已融入各类企业的运行系统中。推进企业战略、贯彻实施更是如此，组织需要赋能、消缺、填补空白，需要外部资源、技术、经验方法的输入，需要通过跨专业、跨界技术的合作提升组织的综合竞争力。

任正非在一封华为内部信中说："……后来明白，一个人不管如何努力，永远也赶不上时代的步伐，更何况是知识爆炸的时代。只有组织起数十人、数百人、数千人一同奋斗，才摸得到时代的脚。"⊖

世界多极、技术快速迭代成为新常态，VUCA时代需要企业与时俱进，通过技术创新、管理创新、商业模式创新适应新时代，通过导入新理念、引用新工具、创新方法，用创新智慧方案高效解决各种新问题、迎接新挑战。

华润集团、中粮集团、中化集团通过导入团队学习法，用组织的智慧和团队的力量来解决企业运营和发展中的复杂问题，已在实践中取得了实实在在的成果、成效。

形成团队共识

宁高宁在他的文章"价值论"中提到，现代企业中的经营活动可

⊖ 华营管理私塾，微信号 hyglssh。

以用五种价值的创造来分类：工作价值、交易价值、资产价值、企业价值和股东价值。有了这五种价值创造，企业中不同职务、不同层次的工作可以统一到一个目标上，大事和小事、局部和全局、个人和众人可以协调起来。这五种价值代表了企业经营活动中不同层次的参与，而企业的兴盛要求每个环节都协同行动，依次服务于更高层次的价值创造，这样企业才是一个有机的生命整体。

现实中，企业战略执行中往往采用从上到下的逐级目标任务分解，由上级将具体任务布置给业务部门或职能部门。负责执行落实的责任部门主要关注的是承担的目标任务的内容和要求，因为往往这也是考核评价责任部门经理人的绩效指标。至于工作的意义，与组织整体战略目标、经营目标的关联，与非直接上下游相关方的关系，经理人主动关心得不多。往往是决策层、管理层、执行层各司其职，相互间除了工作布置，深度沟通交流不多，不能自然形成共识。

执行层对于组织目标的信息获取也主要来自上级的工作布置、运行中的被人为割裂的信息和个人的理解感悟。非直接上下游的各责任主体间资源、信息共享交互得少，各自奔着各自的目标任务达成，缺少大目标共识。

企业有整体的战略目标和经营目标，但在实际运行过程中统一目标引领缺位。过程中不同声音的信息反馈，往往以强势方形成主导意见为结果，导致偏离整体目标的概率增加。

经理人根据分工，往往在实际运营中更聚焦关注的是上级下达给自己的目标指令任务能否达成，对企业整体战略经营目标或者看起来不是与自己直接关联的目标往往不关注，对整体战略经营目标不清晰，对其他成员的任务目标了解不到位，对深层次的逻辑关联理解不到位，过程中相互间很难形成共识。

这种情况导致经理人看似对分管业务研究多、自认为对情况门儿清，实质是视野不开阔、工作的系统性不够、对业务的洞察不够；对工作方向把握不明、定位不准、用力不正确，大大折损了企业的执行能力和执行效率。

团队学习法通过分层次组织团队学习，有效导入使命愿景，诠释战略目标任务等整体信息，全面无障碍正确传递信息，使每个人了解企业的整体目标，清楚自己在企业大坐标系中的定位、承担的价值创造任务以及与其他成员的协同要求。

团队学习法通过研讨环节，公平地为每一位参与者提供机会，让不同意见、信息在同一平台上充分表达、充分沟通、无障碍传播传递，使参与成员通过组织整体运行信息分享加深对企业整体目标的了解和全面正确理解，促进多方位、多层次共识的形成。

团队学习法通过具体任务、问题情境，让大家深度参与目标设定、方案制订、计划编制，提高各层级员工的组织站位，强化大局意识，形成大目标共识。通过员工参与提高他们的认同感，增强他们的使命感和责任感，达成在实践中自觉践行企业目标任务的要求。

解决问题的方法

通常采用方法：在企业管理中，解决问题最常采用的方法是"各人自扫门前雪，谁家孩子谁抱走"的简单粗放型责任制。不管问题出现在哪里，不管是表象问题还是根源问题，不考虑属地部门是否有能力组织解决，都归由问题发生地负责。

问题出现的可能缘由如下。

（1）问题的出现通常表现为运行的组织事前没能及时发现隐患，事中没能有效纠偏与控制，发现问题后又没有预案或有效措施快速解决。

（2）组织在运行和管理中出现了障碍、盲区，对应的执行能力、过程管控能力有短板和空白。

（3）企业现行的机制、方法、资源配置与企业快速发展的需求不匹配，表明企业出现了不能适应复杂多变的环境要素等情形。

（4）根源来自顶层设计的不合理，比如不相容岗位合并，多头管理导致失误、失控等。

通用方法的弊端如下。

（1）组织制订措施方案主要依靠责任部门可控、可调度、可整合的资源和能力，缺少跨部门、跨责任边界的相关可利用资源的链接，缺少外部可借鉴工具、方法、经验、对标标杆等的引进和学习应用途径，适应性、与时俱进、行业专业技术应用水平等方面达到要求很难。内部资源得不到有效整合，解决问题的能力和成效受制于责任主体，而不能体现企业的整体能力水平。

（2）当责任主体的某个环节出现短板或能力瓶颈时，就会出现问题不能及时发现、发现的问题不能及时有效解决、有些源头问题不能及时发现并消除在萌芽状态，导致后续问题放大，造成整体"掉链子"，最终影响企业整体目标达成。

（3）形成的事实状态是能力强、水平高的，出现问题往往与他们无关，没有机会在实践中展示身手；水平低、能力弱的容易出现问题，最短板的能力使用频率最高，所以很难做到高水平、高成效地解决问题。

（4）头痛医头，脚痛医脚，缺少对根本问题的判断，往往关注的是表面问题，而不是根本问题，导致措施、方案治标不治本。

（5）缺少对问题根本原因的分析，制定的措施、方案的针对性、有效性不够。

（6）缺少对相关要素、影响因素的全面分析，措施、方案的系统性、完整性不够，往往还会出现按下葫芦浮起瓢的情况，旧的问题还没解决好，新的问题已然产生。

……

团队学习法解决问题的特点如下。

（1）团队学习法解决问题流程的第一步是问题澄清。找到问题是解决问题的第一步，而找不到真正的问题才是最大的问题。

采用头脑风暴、团队列名法等工具进行引导，每位成员从个人熟悉、了解的领域内容出发，聚焦主题找问题，将个人认为当前关于研讨主题组织存在的最根本的、影响最大的问题找出来。通过个人思考、阐述、小组内交流、讨论和小组汇报，形成共识，澄清问题，剔除伪问题。

（2）区分根本问题、过渡问题和表面问题。通过归纳和演绎，挖掘出表面问题之下的深层次问题，确认关键痛点，精准靶向找准根源，找出根源问题。避免就表象处置，治标不治本。

（3）知识能力、结构资源构建。针对问题主题的专业理论、工具、方法、标准、行业标杆、优秀实践案例的导入。

帮助团队构建、完善相应的知识架构，全面了解环境变化、行业动态、专业发展情况；帮助建立跨专业跨行业知识经验链接、专业理论和实践应用链接，便于开阔视野、拓宽思路，有效学习应用新方法、新工具，提高团队整体解决问题的能力和水平。

（4）拓展解决方案的智慧贡献者范围，建立更广泛的资源链接。

团队学习法是企业层面选择合适的人员组成团队，通过组织所有相关方、对问题解决有帮助的资源支持方、协作方、专业职能部门等相关决策、管理、技术、执行层人员进行专题学习研讨，共同奉献智慧、整合资源、制订解决方案与行动计划。

每个参与成员不同的阅历、不同的社会角色和在组织中从事不同岗位工作的经历，使他们拥有不同的视角和对同一问题有不同的发现与研判。

通过成员个人的知识、资源链接和场景中成员间的交互链接，形成团队立体交互关联，使团队更多的相关资源建立有效链接，倍数放大团队可使用资源的容量、范围。

通过多元、多维度、多层次的深度学习与感知，推进团队的思维方式从方法论思维向系统论思维转变，保障问题解决方案、措施的完整性和系统性。

（5）解决问题最有效的方法是在源头发现可能发生的问题，在问题未发生前采取有效措施抓预防、除隐患，在源头根除；其次是抓早抓小，将问题解决在萌芽状态；最后是问题出现后的妥善处理。

团队学习中，大量相关案例、问题信息、专业知识形成局部"大数据"资源高频碰撞，能快速形成举一反三，利于类似隐患和问题的早发现。

增进协同

对自己在组织中的地位不自信、本位主义、站位不够高、对整体目标没有清晰认识、对自己在组织的整体大坐标系中的定位不清、觉得事情与自己无关等都是产生"部门墙"、影响高效协同的原因。

团队学习法创造了平台。团队学习法通过团队学习，将经营运行中组织中的"你们""我们""他们"糅合在一起，都转化为"我们"，将"你们""他们"的工作、"你们""他们"遇到的问题转化为我们的工作、我们面临的真实的问题。组织形成实质广泛交互的网状互联结构，资源进入互联状态，"部门墙"、内部壁垒自然消失，取而代之的是资源、能力共享平台形成，协作共创新价值点的发现和新价值的创造以及资源整合带来的组织整体能力的提升。

团队学习法增进协同。团队学习法是有效解决实践中常见的知与行的割裂、决策与执行的分设问题的工作方法。通过在团队学习过程中让关键人员、参与成员贡献智慧，管理层、决策层、执行层共同参与主题研讨和决策，使大家都更好、更充分地理解与澄清：组织的目标是什么？为什么而战？进而思考怎么战，决策战什么，做到知行合一。

当团队的每个人都清楚地了解团队要达成的目标、要完成的任务及需要具备的各项要素、能力、资源配置，每个人都清楚自己及同伴的强项和弱势所在时，责任感和使命感将驱使每个人自觉对标提升，在组织需要时及时上位，组织内各类能动要素就能得到有效激活和升级，协同成为一种自觉。

提升经理人的领导力

（1）通过提高组织站位，提高经理人把控全局的能力。

根据"任正非：轮值 CEO 制度使华为均衡成长"，当年任正非因不愿做华为的经营管理团队（executive management team，EMT）主席，在内部实施了 CEO 轮值制，也许是这种无意中的轮值制度平衡了公司各方面的矛盾，使公司得以均衡增长，每个轮值者在轮值期间不得不"削小自己的屁股"，否则得不到别人的支持，这样他就将他管辖的部门带入了全局利益平衡，公司的山头无意中在这几年削平了。[1]

在其位，谋其政。华为从 2004 年左右开始实施的 CEO 轮值制为华为培养了一批领军人物。

团队学习法通过具体的任务，为经理人营造"在其位"的情境，引导其进入"谋其政"的状态，通过提高组织站位，将惯用的方法论思维转变为以目标任务、问题为导向的系统论思维，强化一盘棋意识，提高经理人从顶层、从源头统筹资源和统领把控全局的能力。

（2）通过具体问题、任务情境实现结构化知识的系统学习，提高专业化能力。

团队学习法以具体的工作或需要解决的问题为每次团队学习的主题，通过采用结构化的内容环节设计，在过程中制定执行学习公约，

---

[1] 任正非：轮值 CEO 制度使华为均衡成长，http://it.sohu.com/20120104/n331158816.shtml。

有计划、有针对性地导入相关的专业知识、行业经验学习、标杆学习、优秀实践案例分享，创造共同的语境，营造良好的学习研讨环境，同时创造知识和应用的关联，赋予其实践中的意义。内容上为经理人提升领导力有效构建专业知识架构，过程中通过实践经验交流与分享，为经理人提供实战指导，并使其在研讨与主题方案制订中得到能力实训与锤炼。

（3）通过创意链接、创新思维，提升系统化能力。

团队学习法通过应用 CSS、收益难易矩阵实践过程引导，促进成员深度思考，实现关联知识、经验、行业动态、环境变化、技术发展等相关信息和可调配资源的链接与整合；使成员看到问题，积极地思考寻求解决方法，不在原地打转，主动与外界建立互联，学习借鉴经验方法；还激发了每个人心中求变的愿望和求进的动力，升级了个人的"基础操作系统"（思维方式），创造新思维。

方法工具篇

用团队学习法凝聚共识

这里使用团队学习法典型应用情境——"目标设定"。通过畅想未来、现状分析、目标确认、制订行动计划四个环节，起始导入愿景使命、战略规划等需要宣贯的内容，快速高效地在组织中传递组织创造价值的目标愿景，形成团队共识。明确企业战略大方向，引导企业的各个单元准确定位，指导大家在执行过程中正确用力。

（1）导入愿景使命，正确传递组织的信息。

团队学习通过诠释企业的愿景、使命、战略，组织解读、研讨，使学员有效感知、了解、理解、更好地认同企业的目标愿景和战略思想，全面系统地了解、理解企业的整体战略目标，形成思想上的对组织的认同，从而增强达成目标的使命感、责任感，并将个人和业务单元的目标与企业的战略目标深度融合，在实践中自觉站在企业的高度思考和行动。

在案例"经营新策略共创"中，通过组织团队学习，高层现场宣讲、诠释企业的战略规划、退城进园转型升级计划和阶段重点工作与目标任务，给予所有执行贯彻实施的相关方全方位的、完整的信息。通过现场具体到项目、到工作进程节点、到相互协作分工的深度沟通、交流，达到正确理解、有效认同，从而使成员自觉融入企业大局、自驱形成高起点准确定位。

（2）设定具体情境，成员深度参与。

团队学习以具体实践任务、实践问题为专题，组织引导大家提高站位、系统审视任务与问题。

实践中对事物有很好洞察的有效方法是跳出其中，站高层次审视。从不同角度、不同高度，会有不一样的发现，不仅可以看到事物的全貌，看到与其相关的、对其产生影响的因素和要素，还可以看到工作、问题本身内部的各种要素及其相互关联与交互。从宏观的视角、足够的高度，能看到原来身在其中所看不到的东西，或者因长期相伴产生审美疲劳而忽略了的问题，更容易形成系统思维和客观的深刻洞察。

瑞·达利欧在《原则》中写道："无论用什么方式，更高层次的角度都有助于你设计目标、建造机器来实现目标（注：这里的机器是瑞·达利欧的比喻，他提出像操作机器那样进行管理以实现目标，将运行的组织喻为机器）"。⊖

"当你改变了看待事情的方式，你看到的东西也就改变了。"

提高了组织站位，视野自然开阔，系统思维能力和对人与事物的洞察力等同步提升。

⊖ 瑞·达利欧. 原则 [M]. 刘波, 綦相, 译. 北京：中信出版集团, 2018.

（3）建立统一目标。

团队学习法通过团队学习建立了决策层、管理层、执行层之间以及各责任主体之间的沟通、交流平台。团队学习过程中，在同一个具体工作、问题主题场景中允许并鼓励不同意见、观点的呈现，尊重每位参与者，要求每个成员都发表意见。相同的表示认可，不同的准予阐述。别人发表不同观点时不评论，可以按规则提问。

通过成员深度参与目标制定，通过个人分享、分组讨论、小组汇报交流等形式，让不同声音充分表达、不同观点合理碰撞、信息充分沟通并面对面直接且有效地传递，从源头消除企业信息传递衰减、沟通理解打折扣。

案例"经营新策略共创"中应用头脑风暴、犀利提问、讨论等工具和方法组织团队学习成员畅想、制定奋斗目标，并有针对性地查找实现目标存在的最大问题和根源痛点。每个人深度投入、深度参与，在真实的目标情境中找到自己在企业战略贯彻实施中的角色与定位，切实体会每项目标实现对个体、企业的作用和意义，有效激发了每个人的潜力与工作激情。

在团队学习过程中，随着研讨不断深入，大家的思想越来越专注其中，进入震荡期后大家甚至会质疑自己表达的是自己的观点还是别人的观点，进入你中有我、我中有你、相互影响、相互关联、交融的状态。在经历了震荡期后，大家对问题、观点的洞察会更客观和更全面，从而能有效地增进对不同观点、理念、问题的理解，消除片面曲解。

辩则明。在团队学习开放、尊重、公平、包容的环境下，来自不同维度的信息、不同观点，甚至相悖的言论得到原生态展现，团队成员在辩论过程中获得更多信息和启发，无障碍有效共享知识经验，从而对问题的理解更透彻，洞察更深入。

用团队学习法高效解决问题

如何高效解决问题是很多企业关注的问题，也困扰着很多企业。

这里可以用中化集团建立的团队学习法"问题解决"典型情境。通过澄清问题、分析原因、制订行动计划结构化研讨，找根源、抓本质、智慧共创解决方案。具体方法如下。

第一，在问题责任方的基础上，组织问题的其他关联方和可以为解决问题提供资源支持、经验智慧贡献、良好实践、专业方案的相关方组成学习团队。

第二，会前准备，根据研讨会主题提前布置思考题，要求每位学员在参加研讨会时做到两"带来"——带着问题来，带着思考来。

第三，针对问题领域，组织实施专业技术、方案赋能，组织优秀实践案例、经验分享，打开团队视野，拓展思维空间。

第四，组织结构化研讨。

（1）澄清问题，找出根本问题是什么。由学员写出并陈述提前思考的问题，采用团队列名法，小组研讨并归类。引导学员开放心态，在研讨过程中将问题找全、找准、找深入，采用冰山分析法等工具，区分表面问题、过渡问题，找出根本问题。

（2）分析原因，为什么会产生问题？小组采用5why法深度剖析问题的原因，用鱼骨图方式呈现。小组间采用世界咖啡、组间挑战、跨组交流等形式集思广益。过程中引导学员找全、找深、分析透原因，不仅找客观原因、外部原因，同时也眼睛向内，从自己的团队、自身找原因，找出问题产生的本质原因。

（3）制订行动计划。采用CSS、收益难易矩阵或者贡献关联矩阵制订行动计划，拿出解决问题的具体方案、措施。决定停止一项正在实施的措施与开始实施一项新的措施同样重要，而且往往前者见效更快，同时前者可能更需要勇气和担当。

团队学习法——"问题解决"以真实的问题建立真实的团队，形成责任担当、智慧共创的组织基础。

在各种不同问题解决情境的团队学习中，在组织筛选参加团队学习的人员时，除了问题的表面责任方以外，还会邀请问题的其他关联方和可以为解决问题提供各类资源、智慧支持的相关方共同参与，建立并增强了各类有利于解决问题的要素的链接，提高了团队有效识别、分析、判断问题的能力，拓展了借鉴应用成熟智慧、经验，引用新技术、新方法的范围，为整合资源、产出有效解决方案和后续高效解决问题提供了关键基础保障。

通过团队学习制定的目标、方案汇集了执行团队的智慧，从源头保证了目标的可行性、策略措施的可操作性。通过行业标杆、内部良好实践的经验分享等，优质资源、能力通过团队学习得到共享、整合。过程中发现问题、解决问题、自我纠偏等专业能力从受限于短板转变为发挥强项优势，从受制于责任人的能力和知识架构到充分发挥团队优质资源的作用，有效提升了团队的整体执行能力和水平。

组织则通过团队学习将通常的条线、条块管理转化为资源共享、网络化连接、条块融合的一体化管理。信息的交互、流转以及无障碍、无衰减传递消除了条线、条块间的管理空隙与信息传递、沟通盲区。每个信息交互点的"神经元"得到激活，整个组织形成相互关联的网状活力结构，从而达到有效挖掘潜能、整合资源、自我学习赋能与迭代，整个组织具有快速反应、迅速行动的能力与状态。组织内的知识技能分享、优秀实践经验的萃取与推广成常态化，新方案、新智慧的创造成常态化。

"行之力则知愈进，知之深则行愈达。"通过团队学习，团队成员在反思总结实践经验的基础上提高了认识，在增进认识的基础上提高了行动的效率；通过智慧分享，使团队成员从思维方式上突破基于短板的自我设限，学会发现优势、寻找长板、博采众长、整合优质资源构建高素质的作战团队，从源头增强组织经营的能力；整体上通过每人迈出一小步，实现组织跨出一大步。

团队学习法和通常解决问题方法的不同呈现在多个方面，如表7-1所示。

表 7-1 通常解决问题方法与团队学习法比较

比较项	通常解决问题方法	团队学习法
可用资源	主要是责任人拥有的和可链接、调控的资源	企业拥有的、可以整合调配的资源
方案贡献者	主要是责任人	团队
智慧资源	责任人或属地的智慧	团队智慧+团队共创智慧
能力特点	主要由责任人的能力知识结构决定； 不知则不会	团队优势及其有机整合 一人会则团队会，一人知则团队知
方法创新	主要是责任人或几个人的创新能力	团队共创、智慧共创
问题解决效率	责任人的能力和影响力	团队高效协同
极限状态	无能为力	办法总比困难多

团队学习法在制订问题解决方案、行动计划的过程中与通常方法不同的是，可用资源在局部已有资源的基础上拓展到企业拥有的、可以整合调配的资源。

团队学习法在原有基础上增加了不同专业背景、经历成员的个人相关实践经验和案例，可跨部门、跨专业借鉴新技术、新方法，以及获得之前未掌握的专业的方法、方案、工具等对解决问题有价值的资源。

团队学习法是在整合团队的资源共创知识、经验体系后形成方案和行动计划，提高了解决问题的起点高度、专业技术水平和资源整合能力，从源头提高了解决方案的针对性、可行性和实效性。

用团队学习法增进协同

（1）真实的任务、真实的团队。

团队学习法通过赋予每个参与者团队角色，明确其在团队中所处的位置。每个团队学习小组都有明确分工，有相互协作，有共同的愿景，每个人都能感受到自己是这个团队不可或缺的一分子，感受到自己的责任和使命，强化整体组织意识。

来自不同组织、不同部门的成员很快随着小组研讨的开始融为一体，原有的"部门墙"失去了存在的基础而自然消失，各种信息在小组中无障碍、无衰减交互、流转与共享；跨部门、跨单位甚至跨行业的知识、经验自由交流和推广应用；不同观点零距离自由碰撞，知识技能跨界应用，实践经验迅速推广，各类组织中的"长板"资源被迅速发现、青睐、整合利用。内部障碍有效消除、组织空白相互弥补、链接资源高效整合、强项优势形成新组合，团队智慧在高效解决复杂问题的过程中，同时有效提升组织适应VUCA时代复杂、快速变化的环境的能力。

（2）深度感知与高度认同。

团队学习法通过团队学习过程中的对具体工作、问题主题的集中、反复讨论，使成员间的沟通不仅仅在思想层面，而是入脑入心。设置团队学习各阶段的研讨、小组汇报、交流、集体展示、通关等环节，引导每位成员用心思考，用心参与沟通研讨，在走心的研讨中点燃和释放个人与团队变革的热情、激情。

最熟悉工作的人最有发言权。团队学习法让打仗的人参与作战方案的制订与决策，让每个成员都清楚作战的时候自己与各级其他人员的链接点与协同项，每个成员都具备快速反应与应对的能力与能量。

团队学习法通过在原有组织架构下统一程序、制度、流程、规范，将企业不同连接点、端口的人通过团队学习形成团队，建立相互关联，建立信息、资源共享的渠道和平台，在企业内部创建了表面看似无序、无规则，实质深度广泛关联的立体交互、网状互联关系，使每个组织成员都能与组织的其他部分和其他资源直接或间接链接，每个端口和个体的能力、能量通过组织内部资源、能力共享而成倍放大，都能代表组织的水平，都有能力和资源代表组织做出反应，组织应对内外部环境变化的反应速度、反应能力迅速提升，各种优势资源形成自动链接，组织就能进入高效能动状态，执行能力和效率得到有效保障。

（3）顶层引领，正确定位。

行业标杆企业在企业经营中通过战略协同、管理协同、业务协同发现新价值，实现资源整合、流程优化、架构重组，消除机构的重复设置、成本的重复投入，集中力量办大事，降低成本、提高运营效率，增加体量获取话语权、优势互补提高市场竞争力，降低综合费用成本、提高创利创收能力等成为各行业企业快速发展中采用的一种通用方式。

团队学习法首先关注企业在使命、价值观和组织文化等高境界的协同。企业的使命、愿景、价值观、战略方向、价值定位等方向和价值观导引性的内容在团队学习中高频输入，强化组织的行为准则和目标方向，提高组织成员对企业价值理念的理解认同度，促使他们在入脑入心的基础上，在经营实践中自觉践行，从而形成共同的目标、理念、价值、导向，在一个坐标系中合作，向一个大方向努力，较好建立了协同的组织文化基础。

2018年中化集团成员企业YNBU实施了薪酬激励机制变革，从征集草案意见、确定重点激励对象到选择激励方法每一步都用团队学习法推进，过程中大家对薪酬激励机制变革的目的、意义、目标效果、激励要求等方案内容充分理解、高度认同。在多岗位高技能激励直面岗位多、等级标准多、各岗位个性化差异大、不同岗位推进基础不同等问题，从YNBU集团层面难以统一标准、专项激励方案落地遇到巨大挑战时，各责任部门、业务单元主动协同，通过设立启动阶段协同标准和内部分别设立试点分步推进的方法共同有效保证了方案稳步落地，并在实施过程中将方案与原有的员工绩效管理、技能等级评聘创新结合，完善了原有的管理体系。

（4）明确角色，理清任务。

每个成员不仅了解自己责任范围的目标任务，还了解企业价值链的整体情况，对上下、左右等的信息来源与流向，以及工作任务的目的意义和交付标准要求清晰；清楚承担的目标任务在企业整体的目标任务中所处的环节和作用意义；了解企业需要多方面协同才能完成的目标任务或创造的价值，在需要协同的时候清楚应该与谁协同、协同什么、什么时候协同、怎么协同。共同构建了协同作战的组织路径图。

用团队学习法破解内部博弈

（1）突破思维，创新方法。

企业的薪酬资源分配是企业经营中熟悉的场景，通常企业根据全年预算核定总量，制订分配方法，再从上往下一层一级分配资源。我们常见到各业务单位向企业要资源，争薪酬总额。这种情况下，业务单位与企业总部间就形成了某种程度上的博弈。

对各业务单位而言，企业核定的薪酬总量决定了业务单元全年的薪酬水平，所以是它们最关注的。每年做预算的时候，它们想方设法用足政策做大预算总额，每年薪酬激励工作的头等大事必须是要资源、争总额。

对企业总部而言，没有业务增长、新的价值创造和利润的增加，薪酬总额就没有增长的依据和经济基础，管控成本费用是天经地义的事，原则必须坚持。

看似都对，但实际运行的效果往往是业务部门为了做大总额，每年都想方设法把当年的预算总额全部用足，该不该激励的都实施激励，保持年度不留余额或合理超额，保证争取来年的薪酬总额。

结果是，企业与业务单元双方都很纠结，博弈中双方相互束缚，各自的工作很难开展，业务部门的工作很难取得突破，企业整体很难取得高效率和理想的业绩目标。

一边是没有资源激励导致没有业务发展。业务单元拿不出足够的资源有效激励业绩、价值贡献突出的员工，激励导向事实上变成了保证年度基本经营目标达成就行，业务发展没动力，直接影响企业经营业绩增长和市场竞争力的提升。

另一边是没有业务发展就没有激励资源提供。企业的市场竞争力不强、价值创造和经营业绩没有改善，劳动生产率不提高，企业难易承受更高的成本费用，薪酬总额就没有提高的空间和渠道。

如何打破僵局，建立一种机制有效激励业务发展？这是企业发展所必须关注和有效解决的实际问题。

（2）团队研讨，破除博弈。

团队学习法首先通过组织企业的决策层、管理层、业务执行层在相互尊重、平等信任、坦诚开放的环境中，共同站在企业的高度解读、正确理解企业的目标、愿景、价值观，通过研讨，进一步统一思想、提高认识、明确目标方向和企业经营中应坚持的底线与原则。

用团队学习法提升经理人的领导力

结构化知识学习与实践方案研讨。

团队学习法通过在团队学习过程中让大家使用同样的工具、方法对同一实践专题实施研讨，用相同的坐标系对不同点之间的差异进行量化评价与描述或直观、具象呈现，便于研判、通过事实和数据展示引导共识，让经理人在参与团队学习的过程中学用新方法、掌握新工具，通过实践应用体验提高学习的实效性。

经验分享，教学相长。

在团队学习过程中，每个成员的呈现往往都是基于个人学习、工作、生活等的积累加上自己的思考、感悟，以及在此基础上总结出来的经验、智慧、良好实践等。每个成员不管承认不承认都当了一回自己的老师和队友的老师，也跟队友老师学到了很多。队友带来了自己以往不知道、没关注、没重视但其实很重要的信息、知识和经验。成员在使用中学习和掌握了新的方法与工具或者发现和开发了老方法的新用途。大家在分享中学习，教学相长。

结构化研讨，引导深度思考。

团队学习法通过提问和意见交流过程直接引发人们对问题的深层次思考，引导问题案主和当事人加深自己对主题问题本质的理解与认识；通过结构化的研讨、交流甚至问答，触发参与成员自觉不自觉地深度思考并对自己阐述的观点进行反思和修正；通过每个研讨小组的阶段成果汇报展示环节，帮助参与成员进一步拓展视野、打开思路，有利于建立客观的、系统的、多维度的观察问题、分析问题和解决问题的方法体系。

团队学习法通过工具、方法、场景引导，激发每个人内在的主动性和创造性，大家通过参与问题的分析与解决方案的制订、决策，通过研讨共同创造出解决问题的方法，更有成就感，从而增强内在的自驱力，达到在组织大目标引领下的自动自发自驱。团队学习法从源头提高了组织发现问题、分析问题、解决问题的能力。

在个人完成独立思考和问题查找后，每组组织组内交流讨论，每个成员向组内其他成员逐条阐述，在小组内提问、澄清、研讨、分类提炼。每个小组提炼出形成共识的最根本的、影响最大的问题，再以小组为单位汇报、交流小组形成的意见。各小组间通过犀利提问等研讨交流形成团队共识。

在团队学习过程中，跨行业、跨专业的知识技能得到有效引用、应用。很多被业内人士视为"常识"的对业外人员而言却是闻所未闻的新知识、前所未有的新技能，这是一种常态现状。不同专业、不同行业特有的"常识""诀窍"在团队学习过程中实现了端到端的传播、分享，新的应用价值得到开发，直接促成了团队解决复杂问题新智慧、方法的产生。

团队学习法通过结构化的学习、研讨，组织成员参与发现和解决问题的全过程，引导团队成员客观面对问题，而不是在遇到问题时自我合理化，归因于外；引导每个成员想明白自己应该怎么做，而不是由别人告诉自己怎么做。

每个人都是解决自己问题的专家，智慧总在团队中，没有人比自己更了解自己的情况，没有人比自己更清楚问题所在，组织是不断向前发展的，解决团队的问题最终不是靠咨询公司、靠外力，而是得靠团队自己。

具体应用团队学习法时要结合团队成员相互间的熟悉程度、年龄结构、知识结构、工作经历、阅历和企业文化氛围设计方案、选用合适的引导工具并根据现场情况实施调整。

案例篇

/ 案例7-1 /

快乐管理，精准执行：中粮集团利润点总经理业务能力提升团队学习项目

背景

中粮集团的四层管理架构为集团总部、经营中心、业务单元、利润点。利润点是企业运营管理创造价值的一线阵地，是不可或缺的基石。从数量上看，集团拥有规模不等的几百个利润点；从人员规模上看，每个利润点有数十人或上百人的团队；从资产和收入上看，每个利润点有数十亿元或上百亿元的规模。利润点总经理是中粮集团的关键岗位，对集团的发展承担着重要的责任，贡献着巨大的力量。

问题

集团在有限相关多元化、业务单元专业化的基础上推进与实施全产业链战略过程中，内部各利润点国际化/本土化运营水平差异明显，

部分利润点总经理的视野不够开阔，领导能力和专业能力不能很好地满足集团打造全产业链战略推进要求。

过程

（1）选人。

在实际运营过程中，利润点能否严格按集团要求全面推进与实施全产业链战略，在很大程度上取决于一把手对集团战略的理解和认同、利润点经营团队与之相匹配的领导力。

对利润点的经营水平和绩效影响最大的更是各利润点的总经理和经营团队。

基于以上情况，在集团内通过集团界定、个人报名的方式，筛选32名利润点总经理参加。

（2）时间。

第四季度通常是企业战略推进阶段成效评价的节点和企业年度经营承前启后的重要节点。

12月，当年的工作接近尾声，各利润点都会总结、反思当年的工作并计划来年的工作，所以这段时间也是各经营团队系统思考、研究经营工作的集中期，对赋能的需求强烈，各项创新新政新策出台且容易付诸实施。

中粮集团在2009年12月10日至12日用了三天时间组织利润点总经理进行集中的团队学习。

（3）团队学习角色。

催化师：中粮集团内部催化师。

分享讲师：中粮集团食品饮料事业部总经理、中粮集团可口可乐山东工厂的管理团队成员。

（4）流程。

1）开班讲话。提出成功的利润点总经理应具备的素质和能力。

2）深入业务管理现场进行体验式学习、交流。到集团内部利润点最佳实践单位中粮集团可口可乐山东工厂进行现场体验。中粮集团可口可乐山东工厂的管理团队分享了工厂业务发展实践经验和营销系统、资讯系统、财务管理系统、人力资源管理系统案例以及供应链管理系统的建设与运行案例。

3）研讨交流：中可商业模式、资讯系统、营销系统和财务管理系统方面的启示。

4）总经理沙龙：工厂总经理在管理中面临的问题及对策。

5）经验分享："中可瓶装厂的人力资源管理系统""中可瓶装厂的供应链管理系统"。

6）研讨呈现：中可人力资源与供应链管理的启示。

7）海尔工厂参观交流：海尔的经营之道与精益生产。

8）研讨呈现：中可与海尔对工厂总经理的启示。

9）结业仪式。

10）点评、关闭：研讨呈现以及总经理沙龙采用头脑风暴、团队列名法、鱼骨图等工具。

（5）团队学习产出。

1）明确了集团利润点总经理应具备的能力素质。

2）开阔了利润点总经理的视野。

3）依托集团有限相关多元化、业务单元专业化的条件，通过集团内部利润点最佳实践全面分享，利润点总经理的关键经营管理要项专业素质快速得到有效培训和系统提升。

关键成功要素

（1）真实的问题和有真实需求的团队保证了团队的投入程度。团队成员很清楚开阔视野和提升领导力能有效帮助自己更好地理解公司的战略要求、带领责任利润中心在经营上实现新跨越，更能促进个人的综合能力素质的全面提升以更好地实现个人发展，从而使团队内部全员都形成了渴望达成团队学习目标的自驱力，为全身心投入团队学习全过程奠定了基础。

（2）真实情境展示增进了经理人对管理的领悟。优秀企业和内部最佳实践案例经验分享，将分散于不同专业理论课程中的知识通过最佳实践凝练成技能、经验、方法，得到具象化，形成可操作、可借鉴应用的方法,使利润点总经理能快速掌握和应用。

如中粮集团可口可乐及其利润点的管理,既继承了可口可乐全球的系统管理与经验,也结合中粮集团的实际和全面系统的创新,是国际化和本土化结合的典范,对中粮集团各利润点的运营和管理具有很好的参考意义。

通过实践案例分享,各经理人系统地对工厂的业务发展、营销系统、资讯系统、财务管理系统、人力资源管理系统、供应链管理系统等企业运营和管理情况有了全面深入的了解与理解。

(3)基于具体实践应用的研讨,促进了智慧融通。现场无障碍信息沟通、经验分享,真实的解决方案、案例展示等,通过团队学习过程中广泛深入的研讨,原有问题有效澄清,有效性得到实践验证的解决方案精准、实用,使集团利润点总经理从部分行快速达到都能行。

/ 案例7-2 /

经营新策略共创:"科学至上、知行合一,转型升级、2019再出发"团队学习

背景

建立并运行了60年的中化集团成员企业YNBU按要求要在1~2年内完成本部所有生产装置的全面搬迁。为保证各项经营业务正常开展,其间必须保证本部装置稳定运行并发挥经营效能,同期保证新区一期项目建设并达到计划目标,公司进入爬坡过坎、滚石上山的攻坚阶段。与此同时,公司面临本部装置老化、搬迁员工队伍的稳定性受到影响、两大工程同步推进骨干员工、专业人才不足,以及成熟员工阶段性不足和后期分流压力并存等一系列困难。

集团各业务单元、责任部门都根据退城进园总体要求结合各自的相关业务和职能对可能涉及的任务、问题超前做了大量的准备工作。

问题与任务

受到外部不可控因素影响,退城进园方案中涉及部分产品装置的搬迁、建设方案几经调整,对原有工作基础产生了冲击,并造成过程

相关信息混淆，大家对集团退城进园和来年工作的新目标、新任务需要进一步澄清和明晰。

退城进园是项系统工程，在保证基础资源的情况下需要工程、技术、生产、人力资源等各要素广泛协同、系统推进。

过程

（1）选人。

根据发起人提出的初心意愿，结合集团及各业务单元职能部门前期已开展工作的情况和集团现有资源、新区建设和退城进园需要的资源及后期需要统筹调配的资源等情况，从组织者、执行者、支持者中筛选出对相关项目、工作推进与改善影响最大的群体，以及过程中将是最有效的智慧贡献者群体参加团队学习。

集团共组织了各生产经营单位、各责任主体负责人和生产运营部、QHSE 部、人力资源部等专业职能部门主要负责人 35 人集中进行团队学习。

（2）时间。

新年伊始，大家对刚结束的上年度的工作记忆犹新，很多体会与感悟还在，同时新一年的开始增强了集团退城进园和新项目建设的紧迫感，组织者希望尽快开始新阶段的工作，执行者希望尽早明确新一年的任务，支持者希望早点了解"需求订单"。

集团选择在 2019 年 1 月 3 日，元旦后第一周的第二个工作日组织大家进行团队学习。

（3）角色。

发起人：集团常务副总经理。

总教练：集团常务副总经理。

导师：集团总经理助理、退城进园项目负责人。

分享讲师：①集团生产运营部主任、奋斗目标创新激励良好实践团队负责人；②人力资源部负责人。

催化师：集团人力资源部负责人。

（4）流程。

1）团队学习开始前的准备。

提前明确团队学习目标；总结分享上年度工作的亮点、亮招；学习、理解公司年度战略的重点和目标任务，明确新目标、新任务；聚焦痛点找对策，智慧共创新策略。

要求每位成员围绕学习主题和团队学习目标提前调研、思考，做好准备，带着问题来、带着信息和能量来。

2）总教练讲话。

导入集团退城进园转型升级战略规划内容、2019年战略重点、公司的经营目标、任务、现有资源、经验积累信息。

明确团队学习的目标和要求。

3）上年度工作回顾和良好实践案例分享。

4）采用团队列名法，找出最有价值和最值得分享与传承的各类创新、实践成果、亮点、亮招。

通过个人思考、阐述交流、讨论和团队分享环节，每位成员对公司生产经营的现状有了更加全面、深入的了解，关注领域从局部拓展到全公司，工作思路得到全方位打开。

5）导师讲形势任务。宣讲与企业发展密切相关的国家经济发展态势、行业发展趋势和企业发展外围大环境的形势，诠释公司退城进园转型升级战略规划的内涵和攻坚阶段的形势任务。

发布转型升级规划和新区项目建设推进计划、本部装置搬迁进程和现有生产经营计划安排、推进进程等相关信息。

6）畅想奋斗目标。通过头脑风暴，个人提出奋斗目标，在小组内阐述其内涵，以及选择确立的依据、理由和意义。

小组内通过现场互动、沟通、讨论、犀利提问，不断澄清目标的内涵，使价值信息得到充分沟通与传递。团队成员通过正确感知来自企业顶层的信息，增进对公司战略思想和经营理念的理解与认同，对企业的经营目标和当下关键任务达成共识。

筛选出小组确认的奋斗目标项。

7）对标找问题、找关键痛点。每组根据筛选出的小组目标，找出当前达成奋斗目标存在的最大困难、最需要解决的问题、最需要整合或提供的资源。通过个人思考、组内交流、小组讨论，用鱼骨图标出结果。

8）共创新策略，明确行动方向，制订行动计划。

基于前面几个环节的团队学习的成果（制定的目标、找出的关键痛点），用 CSS 行为计划工具，小组创新共创、制订推进实施目标的行动计划。

C：continue，应继续实施的以往行之有效的技术、措施、方法、机制等。

S：stop，以往实施的证明无效甚至有负面作用的，或者不适应新目标要求需要摒弃或迭代的技术、方法、措施、机制等。

S：start，为达成新目标必须创新改进、迭代、建立实施的技术、方法、措施、机制等。

对应每个目标，小组进行讨论共创，形成 CSS 行动计划表。

团队学习产出

（1）年度退城进园、生产经营奋斗目标，涉搬产品的相关生产经营目标均优于集团下达的计划目标。

（2）本部生产装置退出与经济运行方案。

（3）本部生产装置退出、工程和进园项目建设联合攻关与协同推进策略。

（4）依托项目组的各专业人员协同组合方案和培养、激励计划。

关键成功要素

（1）找准了"靶心"有效切入。退城进园是项系统工程，需要整体协同，各单元只了解分管的业务、职能工作信息是不够的。本次团队学习通过将关键信息面对面、端对端无障碍完整传递，成员现场深度参与沟通交流，提高了各级成员对企业战略的理解与认同，明晰了各自的新目标、新任务，有效引导各业务单元在贯彻实施企业战略的过程中把自己放在企业战略大局中精准定位、精准靶标，从源头保障各单元同心同向、精准发力。

（2）找对了有真实需求的团队促进了平台共建。团队学习组织直接承担退城进园和新项目建设的责任部门。负责统筹协调、提供资源支持的职能部门和能为之提供资源支持与智慧贡献的技术部门等相关方的主要负责人，以及战略项目推进负责人、集团公司负责整体战略推进的相关领导在同一平台现场参与团队学习，消除了不同层级、不同部门之间的界限以及沟通、协同障碍，有效形成了信息共享、资源共享平台。

（3）在找亮点、亮招和良好实践分享的基础上畅想奋斗目标，增强了信心，打开了思路，有效激发了潜力。

（4）对标找问题、找痛点环节要求参与成员努力实现自己提出和确立的目标。参与成员高度投入，深度融入其中，有利于找准问题和深挖根源。

（5）让最了解情况、最懂专业的人有话语权，让每个参与者贡献智慧经验。用 CSS 工具从现行有效措施甄别开始快速聚焦实际工作，并形成接地气、操作性强的行动计划方案。

（6）方案整体统筹策划，选择了合适的时间节点，每个相关者在热切期待状态时，参与者的意愿最强烈，最容易得到响应，参与者全程的投入程度得到了有效保障。

第三部分

激活组织与驱动转型

第 8 章

激活与赋能组织

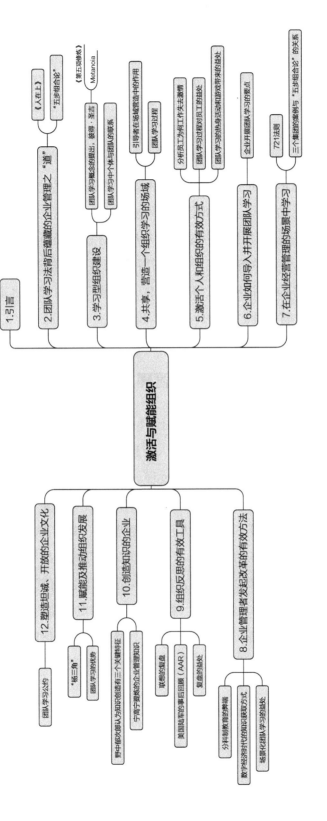

面对快速变化的环境，企业管理者均面临着极大的挑战，甚至不知道颠覆者从何而来。"赢了所有竞争对手，却输给了时代。"⊖ "时代抛弃你的时候，连一声'再见'都不会说。"⊜这就需要企业管理者不仅仅密切盯着竞争对手，还要对周围环境的风吹草动时刻保持警惕，不断获取最新的技术和市场的信息，不断加强企业持续发展的能力，在组织内部持续推动变革，引领趋势以驾驭变化的环境，才能做到基业长青。如何激活组织让组织中的所有人都行动起来是企业管理者的一个挑战。前面几章的内容介绍了宁高宁采用团队学习法激活组织的案例，但为什么本书的副书名是"解密中化、中粮、华润管理之道"呢？团队学习法背后的管理之道是什么呢？

团队学习法背后蕴藏的企业管理之"道"

宁高宁写过一篇小短文《人在上》⊜，文中说企业的"企"字以"人在上"表现出来，"无人则止"，人应该是所有管理思维的起点。管理其实是从人出发最后又回到人的过程。宁高宁的"五步组合论"也阐释了他的管理逻辑。"五步组合论"是宁高宁在华润集团工作期间思考总结的管理理念，第一步是选人，"选经理人"其实是选一把手，反映了公司治理结构产生的结果。一个单位或部门的一把手选好了，就是选好了符合股东要求的领头雁。第二步是"组建队伍"，一把手挑选、组建、激发和发展自己的团队。第三步是"制定战略"，一把手和团队共同制定组织的战略，决定做什么、不做什么、在何时何地用什么模式做。第四步是"形成竞争力"，是组织在市场环境下用什么方式与竞

⊖ 大润发原执行董事黄明端。
⊜ 央视原主持人、著名互联网投资人张泉灵。
⊜ 宁高宁. 为什么 [M]. 北京：机械工业出版社，2007.

争对手博弈，是以技术取胜还是靠成本、规模取胜，主要是怎么做的问题。第五步是"价值创造"，是检验前四步的成果，是一个循环的结束，也是下一个循环的开始，无论是正循环还是逆循环。这就是从人开始又回到人的过程，背后蕴藏的所谓企业管理之"道"即是"人在上"。

宁高宁将团队学习法广泛应用于企业经营管理的各个场景就是基于以人为本这个理念。组织是由人构成的，激活组织就要激活个人和团队。面对环境的变化，不仅个体要学习，团队也要学习，组织才能进步。赋能团队，组织的能力才能整体提高，才能应对快速变化的环境，这就要求组织有持续学习的意愿和能力。

学习型组织建设

组织有了学习能力，才会有应对环境变化的措施和技术。人工智能技术使机器都能深度学习了，企业学习的速度得比环境的变化还快才能跟上或引领行业的发展。面对扑面而来的信息和数据，组织该学什么，怎么学？之前的企业管理者通常会去商学院系统学习企业经营管理可能涉及的学科，掌握了众多学科的知识，就真的会管理了吗？回到工作岗位该如何学以致用是企业管理者现在遇到的困难。目前获取知识的渠道丰富多样，将可筛选和分析的知识转化为企业经营管理有用的信息才是最关键的，而且个别人掌握这些知识和信息并不代表组织获得了相应的能力，要想组织不断提升能力，还需要团队一起学习，团队学习法应运而生，产生了持续的组织创造力，从适应到生存再到创造。

最早提出团队学习这个概念的学者是麻省理工学院斯隆管理学院的彼得·圣吉，他在所著的《第五项修炼：学习型组织的艺术与实务》①一书中首次提到团体学习，指出当团体在真正学习的时候，不仅团体整体产生出色的成果，个别成员成长的速度也比其他学习方式快。Metanoia，意即心灵的转变，可以表达学习型组织的精神。通过学习，个体体悟生命的真义，重新认知这个世界，以及扩展创造未来的能量。"团队学习"是发展团队成员整体合作与实现共同目标能力的过程。团队学习是整个组织中的一个真实团队的学习，可以是管理团队，也可以是研发团队及项目团队，他们可将所得到的共识化为行动，甚至可将这种团队学习的技巧向别的团体推广，进而建立整个组织一起学习的风气和标准。换句话说，团队学习是一种集体的修炼，不断激发个人的能量，让集体比个人更有洞察力，避免群体迷思，最终达到团队的智慧超越个体的智慧。

个人学习提升的是个人的知识、认知和能力，但对组织的贡献难以衡量，快速变化的环境不仅仅要求个人不断提高，也要求组织整体学习和提升，团队学习根据主题使团队中每个人的知识和认知得以分享，从而提升团队对这个主题的整体认知水平，也促使团队中每个成员更多地学习和交流相关内容，形成一个良性的循环，就像库伯学习圈②描述的一样。

共享，营造一个组织学习的场域

团队学习实际上是通过营造一个学习的场域，并通过参与者在其中思维不断地碰撞逐步增强场域的强度，从而产生平时的会议难以企及的效果。场域的营造需要催化师通过设计和工具层层推进，"治大国

---

① 彼得·圣吉. 第五项修炼：学习型组织的艺术与实务 [M]. 郭进隆，译. 上海：上海三联出版社，2001.
② D.A.库伯. 体验学习：让体验成为学习和发展的源泉 [M]. 王灿明，朱水萍，等译. 上海：华东师范大学出版社，2008.

如烹小鲜",就像添柴加火一样,火候没到的时候是熬不出美味佳肴的。其中关键的步骤在于热身活动和导入环节。热身活动的目的是将参与者融入场域中,并且经过初步的调频,让参与者暂时卸下平日的工作及生活事务,逐步敞开心扉,渐渐聚焦到讨论的主题并开始思考和预热。导入环节分为研讨前导入和研讨开始时的导入两种,如果想取得良好的产出就需要做好研讨前导入工作,这个工作的目的是让参与者有意识地准备和深入思考,高质量的输入才能产生高质量的输出。研讨开始时的导入则是将参与者的思考引导向一个目标产出要求,消除参与者之前对于研讨范围和主题的疑惑,更加明晰研讨的背景、原因和意义。

在团队学习过程中,每个参会人员都会有较强的参与感和拥有感,团队成员在自然、开放、坦诚的氛围中畅所欲言,平日不善言谈的成员也会敞开心扉表达观点。通过提出问题,观点的碰撞和思维的启发不断升华,置身其中就会感到一种无形的力量在形成。研讨会场由最初的平静逐渐热闹起来,随着研讨的深入团队成员甚至会变得莫名的兴奋,有一种心流在团队中涌动。大家见证了一个概念或方案的形成是每个成员共同努力的成果,惊讶和兴奋溢于言表。无论是取得阶段性成果进行的"爱的鼓励",还是小组自发地摆出造型的合影,无不显示出一种无形的场域在这个团队形成了,场域逐步充满热情、信任和凝聚力。

激活个人和组织的有效方式

"哀莫大于心死!"我们在组织中会看到当一天和尚撞一天钟的现象,为什么员工对工作失去了激情?究其根本原因,往往是员工内心的动机之火熄灭了,他们在没有找到更好的选择之前抱着得过且过的想法工作。"加入一个公司，离开一个领导。"员工离职的主要原因往往是对自己的管理者失去希望，大多数原因是员工认为自己的管理者对自己不尊重、对自己的工作不肯定，待遇不公平，未来没希望。仔细分析，大多案例是因为没有有效沟通。

团队学习法鼓励参会人员说出自己的想法，形成共识后员工的参与感、成就感和拥有感比较强。员工在感受到研讨中平等开放的氛围后，受尊重、受重视的感觉得到极大提升，团队之间的沟通更顺畅深入了，有些之前的猜忌也自然消失了。我们观察到，在团队学习研讨过程中内向的员工平时表达很少，但一旦感觉到环境的友好就会敞开心扉表达自己的观点，甚至与平时判若两人，内心对集体和组织非常热爱。

团队学习的一些热身活动和游戏有意识地引导大家更多地互动，加入了评比和比拼环节让参与者对团队的荣誉感更关注了，无论是否取得良好成绩，团队的凝聚力都明显加强，团结奋斗的精神被点燃了，就像竞技体育一样，运动员的领导力、团队意识及抗挫折能力与其他群体有显著的差异。

企业如何导入并开展团队学习

有些企业和组织想在本单位运用团队学习法，但苦于对这个方法不熟悉，有畏难情绪故而也不敢大胆尝试。它们往往为了保险起见，都是从人力资源部或个别部门试点，这种方式有待斟酌。团队学习法对团队的习惯和文化改变均比较大，若非单位的主要负责人推动，效果将受到限制。建议引进时由单位的主要负责人组织推动，并邀请外部资深催化师或催化师先做一个普及式的团队学习法介绍，让大家了解团队学习法的原理及其在其他企业的应用场景，然后帮助精心设计第一次及推广阶段的研讨，保证研讨的效果，从而才能更广泛地推广。本书的作者均是所在单位的认证催化师，可以为大家提供支持，之后团队内部可以培养数名内部催化师，服务于大范围的应用。简单的研讨可参照本书介绍的场景和工具进行实践。

在企业经营管理的场景中学习

成人学习的721法则告诉我们，70%的学习与发展源于现实生活与工作的经验、任务与问题解决，20%源于人与人之间正式或非正式的反馈、辅导或者教练，10%源于正式的课程培训与面授，即工作中的学习和向他人学习是成人学习与发展的主要来源。尤其是企业经营管理是没有一定之规的，方法和逻辑取决于对应的内外部环境及要素，企业家都是在实践中成长的，温室里长不出参天大树。这就促使我们重新思考如何提升企业管理者及组织的能力。团队通过讨论实际存在的经营管理问题而群策群力，是使团队思维碰撞进而统一认识的过程，在这个过程中每个团队成员的认识经过讨论都能上升到几乎同一水平。经过一段时间的积累，组织的能力会得到显著提升，同时团队成员也共同解决了企业在不同阶段遇到的经营管理主要问题。

前面介绍的华润集团、中粮集团和中化集团的案例都是围绕企业经营管理的实际问题展开的研讨，是在真实场景基础上的经营管理主要矛盾。在总结这些案例后笔者发现，这些场景与宁高宁的"五步组合论"惊人相似，企业管理者带领团队研讨解决这些主要问题的过程，也是组织学习的过程。经过这五个步骤的学习，管理层和团队就能掌握驾驭企业运行的主要方面。如果在此基础上还能不断深入地应用团队学习解决具体问题，组织的能力会得到大幅提升。在上述三个企业我们都能看到一支具有理想信念、职业素养和专业化能力的队伍。

企业管理者发起改革的有效方法

快速变化的环境要求企业管理者不断学习、了解新趋势，掌握新知识和新技能，从而带领企业持续变革以应对新的挑战。分科制的商科教育似乎无法教会企业家如何全面地应对这些挑战，企业经营管理的规律和逻辑是什么，以及在现实当中如何优先解决矛盾的主要方面。本书依照宁高宁的"五步组合论"在实际经营场景中应用的案例给出了实操指南。根据这些场景开发出的团队学习课程适用于几乎所有企业经营管理的主要场景，也将是企业经营管理者均可采用的教育培训方式。

数字经济的发展导致获取信息和知识的途径多样化，而且呈现出应接不暇的状况，碎片化知识学习成为常态，单纯知识的获取已经不需要通过课堂进行，人们通过慕课、视频音频 App 等线上软件可以随时获得自己想要的知识。人们需要学习的知识也和过去大不相同了，我们再也不需要死记硬背知识，随着科技的发展，翻译软件不断完善，我们甚至不需要学习外语就能与外国人顺畅沟通。线下培训的内容也可以从知识分享转变为企业经营管理者的思维碰撞和经验交流。场景化的团队学习正是有效解决这一问题的方法。依照这些场景开发的团队学习工作坊有领导力建设工作坊、组建团队工作坊、战略制定工作坊、创新转型工作坊、对标管理工作坊，它们已在华润集团、中粮集团和中化集团得到广泛应用，成为培养企业管理者的主要培训方式。催化师会按场景的需要导入管理理论的主要知识点，而将大多数时间留给学员讨论，输入和输出均靠学员产生。过程中学员将自身的经验和困惑带入讨论，与同学分享并产生思维碰撞，能得到比传统授课更深刻的收获。学员普遍反映这种形式既像自学又像集体辅导，不仅自身收获大，而且通过讨论团队整体的水平也比以前进步了一大块。一些之前模糊的概念变得清晰了，与日常工作紧密地结合起来，真正达到了学以致用、知行合一的境界。

组织反思的有效工具

个体要想进步得"吾日三省吾身"，团队进步同样需要有组织地反思。联想的"复盘"㊀、美国陆军的事后回顾 AAR 都是团队反思很好的工具，这两个工具都是在项目或任务结束后回顾目标、对比结果、分析原因、提炼规律的一种团队学习方式。通过集体回顾，团队能更全面地还原当初的目的，也就是初衷，再和实际发生的结果相比较，看看哪些地方产生了差异，这些差异是因为什么而产生的，是主观的想法考虑得不全面，还是客观因素导致的，深层次的原因是什么？最后总结这个项目和任务能够提炼的规律性原则，用以指导以后的实践。联想的总结是："通过复盘，将失败转换为财富，将成功固化为能力。" AAR 有一个步骤是要求团队成员将整个过程和学习成果分享给他人，更系统地将反思成果在团队内传播，使组织不断加强经验教训积累及能力提升。

无论对于个人还是团队，反思既是一种学习方式，又是团队总结经验，是清晰地认知自我的一种方式。团队通过及时发现并纠正团队前进道路上存在的问题，系统总结得失，可以避免重复犯同样的错误，不仅查找出个人在关键事项中的作用，而且分析得出团队配合过程中认知、沟通、协作出现问题的点和步骤，提炼规律性的原则整体提升团队的能力。联想控股和复星集团均是根据复盘结果提炼出投资原则，既给业务有机增长带来借鉴，又使知识管理而产生的投资并购原则由隐性知识转化成指导企业发展的显性知识。

㊀ 邱昭良. 复盘＋：把经验转化为能力［M］. 北京：机械工业出版社，2015.

创造知识的企业

企业在经营管理过程中会收获很多经验教训，了解知识管理理论的企业会通过案例等形式将这些宝贵的经验教训进行总结，通过培训等方式让部分或所有员工共享这些经验教训，从而提升组织的能力，这也是知识创造的过程。野中郁次郎[一]认为知识创造有三个关键特征：一是为了将不易表达的事情表达出来，人们更加依赖比喻性语言和象征性手法。二是为了传播知识，个人的知识必须与他人共享。三是新知识是从"模糊"和"冗余"中涌现出来的。这恰恰是团队学习可以起作用的地方，帮助组织将隐性知识转换为显性知识。在每次团队学习之后，成员有意识地总结提炼将会逐步形成有企业特色的一套知识体系。

宁高宁通过团队学习法思考提炼了企业管理的五步组合论：一是选经理人，二是组建队伍，三是制定战略，四是形成竞争力，五是价值创造。战略十步法是其在制定战略过程中总结的关于战略研究、战略制定、战略实施及战略管理的具体步骤。战略制定工作坊是在其基础上开发出来的，为团队研讨制定战略提供了研讨的理论框架及工具。在2017年中化集团经理人年会上，基于参会人员的发言，宁高宁提炼了创新三角，包括创新主体、创新方式和创新文化三个维度，将创新的逻辑框架做了初建。在2019年中化集团战略研讨会上，根据各小组的研讨成果，宁高宁亲自提炼了对标管理模型，系统总结了对标管理应考虑的范围和维度，解决了对标管理容易出现的盲人摸象的局部学习问题。

[一] 野中郁次郎, 竹内弘高. 创造知识的企业：日美企业持续创新的动力 [M]. 李萌, 高飞, 译. 北京：知识产权出版社, 2006.

赋能及推动组织发展

原中欧国际工商学院著名教授杨国安的组织能力"杨三角"模型^㊀从三个方面论述组织的能力——员工想不想、能不能、会不会,其中想不想解决员工意愿问题,能不能解决组织机制问题,会不会解决员工能力问题,也包含人才结构问题。员工的意愿问题是管理者心中永远的痛,管理者采用的大多数方法是激励,尝试通过外部手段改变员工的行为,但我们也发现了考核什么员工就做什么的现象,员工或团队的绩效没有发生多大变化,却出现了多种假象,如员工为了向上级证明自己勤奋而故意拖延时间的加班现象,还有表态与实际工作不一致的"两面人"现象,究其根本,其实是这样的激励只是让员工感到了压力,并没有真正激发员工内心的动力。员工的动力源于动机,每个人的动机或多或少都会有不同,如果没法激发员工或团队的动机,那么就不能从根本上解决员工"想不想"的问题。现有的科层制组织必然会造成"部门墙"及沟通障碍问题,员工有意愿却没法开展工作,这样的机制问题对组织的伤害也不小。团队学习法所营造的场域恰恰是创建较大范围集体沟通的一种方式,是日常工作中不常使用的一种方法,却能促进解决跨部门的流程精简问题。

塑造坦诚、开放的企业文化

每次团队学习研讨开场时,催化师都会介绍并强调学习公约:开放心态、坦诚表达、挑战假设、积极参与、实事求是、反思自我、主动发言、多问问题和接受反馈。宁高宁在讨论中化集团 2017 年高层研讨

㊀ 杨国安. 组织能力的杨三角:企业持续成功的秘诀 [M]. 北京:机械工业出版社,2010.

会方案时强调要提倡坦诚的文化,最后的方案命名为中化"四诚工作法",包含坦诚查问、实诚析因、精诚破障和竭诚达标四步,突出一个"诚"字。在研讨会中的自画像环节,宁高宁说了一段话:"我这个人最不怕坦诚,最喜欢和坦诚的人交朋友。我觉得坦诚是一种高效的沟通方式……"自此之后,中化集团的企业文化悄悄发生了变化,同事之间的沟通更直接了,有什么问题和不同意见当面提出,大家的心态也更开放了,一种平等和谐的氛围逐渐形成,这要归功于团队学习的不断强化作用。

挑战假设是日常工作中很少使用的一种情境,在东方文化中尤其是对于上级几乎没有人会采取此类举动,因为这往往被认为是挑战权威,而团队学习法鼓励采用批判性思维和刨根问底的方式通过问题诱发思维碰撞,如果在场的最高管理者用行动鼓励大家这么做,那么参与者的积极性会被极大调动,当他们怀着好奇的心情迈出第一步后,我们通常会发现参与者放松后能量的爆发,原来这个新奇的世界和以前的工作场景没有那么大差异。改变和探险的冲动与兴奋会在团队中产生,以前内敛含蓄的沟通方式很快改变了,人们发现更直接地表达观点也没有任何问题,顾忌和疑虑被打消了,随着氛围逐渐变得热烈,场域就形成了,文化也潜移默化地发生了改变。

德鲁克说过一句名言:"文化可以把战略当早餐吃掉。"由此可见文化对于企业的重要性,没有文化支撑的战略无法落地执行,没有文化匹配的变革也不会成功。美国《商业周刊》就有一篇文章论证说:"如果新的战略违背了雇员对于他们在公司中的作用的基本信念,或者违背了企业文化的传统基础,那么失败就不可避免。"企业文化的素质决定企业的竞争实力。企业文化是团队建设的最终结果,是一个组织有意无意塑造的成果。团队学习是推动组织及其中的人培养开放心态,通过提问来展开讨论或反思的一种方式。团队学习建立一种活泼开放、积极向上的工作氛围，每个人都可以平等地畅所欲言，不用顾忌职位的高低，既可以采用建设性的思维，也可以采用批判性的思维进行讨论，这样形成的企业文化与传统的方式是大不一样的，也可以说是对企业文化的一种重塑。哈佛商学院教授约翰·科特与詹姆斯·赫斯克特在合著的《企业文化与经营业绩》中，总结了在1987～1991年对美国22个行业72家公司的企业文化和经营情况的深入研究，得出以下结论：企业文化对企业的长期经营业绩有着重大的作用。美国智库兰德公司、麦肯锡和IBM咨询公司的研究无不发现，企业出类拔萃的关键是具有优秀的企业文化。

第 9 章

驱动变革转型

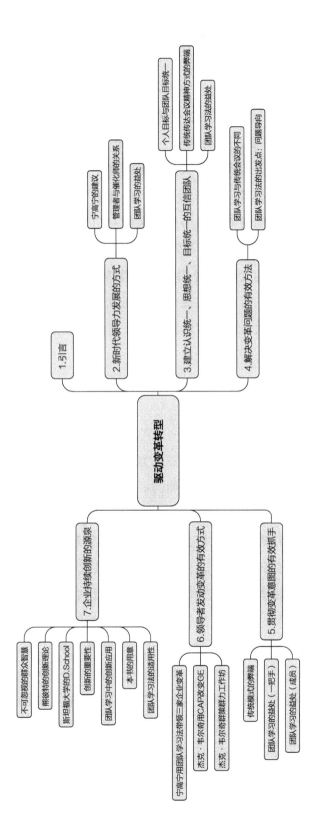

在当今这个变动的时代，只有很好地应对现实，你才可能取胜，否则就会陷入巨大的混乱之中，付出惨重的代价。作为企业的领航人，"准确识变、科学应变、主动求变"是决定企业未来发展的重要能力。但"不变是等死，变是找死"又形象地描述了发动变革的难度。自古发动变革者善终的不多，这也成为后世保守者宁肯抱残守缺也不愿改变的原因之一。领导变革也成为商学院的一门课程，哈佛大学商学院教授约翰·科特经过深入研究开发了领导变革八步法[1]：创造变革的紧迫感，组建强有力的变革领导团队，创建变革愿景，传递变革愿景，移除变革中的障碍，创造短期成效，巩固成果并进一步推进变革，将新方法融入企业文化。我们可以看出每一步都需要强大的领导力作为变革的驱动力。

新时代领导力发展的方式

宁高宁曾建议每个管理者都要成为团队学习的催化师。为什么是管理者？其实这也是对管理者技能的一种要求，是领导力提升的一种方法。为什么要成为催化师？催化师的英文是 facilitator，角色职责是通过循循善诱的方式带领大家达成共识，这和管理者的角色何其相似。要做好催化师，首先不能发表自己的观点，其次要学会倾听团队成员的意见，还要采用教练的方式带领团队去达成共识。作为催化师，其实就是在修炼领导力，既要控制自己给出答案和指示的欲望，又要耐心倾听他人的观点，还要通过工具与方法带领大家形成一致的意见。这对有些管理者是不小的挑战，甚至是完全改变管理风格，但是一旦做到了将会对领导力形成颠覆性的改变，从前自视甚高的管理者变得更接近群众了，也会谦虚低调了。宁高宁在中化集团 2017 年高层研讨

---

[1] 约翰·P. 科特. 领导变革 [M]. 徐中，译. 北京：机械工业出版社，2014.

会上读了一段《大学》作为导入引言："大学之道，在明明德，在亲民，在止于至善。知止而后有定，定而后能静，静而后能安，安而后能虑，虑而后能得。物有本末，事有终始。知所先后，则近道矣。古之欲明明德于天下者，先治其国；欲治其国者，先齐其家；欲齐其家者，先修其身；欲修其身者，先正其心；欲正其心者，先诚其意；欲诚其意者，先致其知；致知在格物。物格而后知至，知至而后意诚，意诚而后心正，心正而后身修，身修而后家齐，家齐而后国治，国治而后天下平。自天子以至于庶人，壹是皆以修身为本。其本乱而末治者，否矣。其所厚者薄，而其所薄者厚，未之有也。此谓知本，此谓知之至也。"

团队学习研讨更像一个格物致知的过程，也是诚意、正心、修身的一种修炼，通过研讨，以人为鉴可以照见自身的思维盲区，提升自我认知及自我反思这两大领导力的关键能力。

建立认识统一、思想统一、目标统一的互信团队

宁高宁认为组建团队最重要的事情是将个人目标与团队目标统一起来，那么首先要做到统一认识和思想，团队学习能快速统一团队成员的认识，进而统一思想，最后明确共同奋斗的目标，前述案例都证明了这一点的作用。变革成功关键的一点是上下同欲，团队如不能对变革的理解形成统一认识将会导致产生阻碍甚至变革失败。通常的组织会通过层层传达上级会议精神的方式来统一认识，可是这个过程也会出现传达者根据个人理解传达精神的现象，经过几次传达信息会逐层递减，甚至曲解上级精神。这种方式往往也耗时不少，到达基层第一线可能需要数月之久。而团队学习法基本上用几天时间就能在总部及二级单位管理层达成共识，通过复制同样的方式，不仅参会人员经过讨论交流理解得更深刻，而且传递到基层的时间大大缩短。由于在

研讨过程中把存在的困惑或问题都进行了碰撞，参会人员对目标的理解也更深刻。行动计划是在大家共同研讨的基础上制订的，执行起来就顺畅很多，尤其是对各自的分工及配合的角色所发挥的作用清晰明了，团队成员互信加强，沟通效率大幅提高，实施效果对比明显。

在前述案例的研讨会过程中，参会人员畅所欲言，在很短的时间内经过讨论甚至争论快速地了解团队成员的观点、立场和个性，在现实工作中可能几年都不会有这么直接和正面的碰撞，由此建立的团队成员间的互信是深刻的，有效增强了团队的凝聚力。科学至上研讨会案例中阐述了参会人员通过对中化集团面临形势的研讨，感受到变革的紧迫性，认同了宁高宁提出的"科学至上"核心理念及路径，从而凝聚了共识，产生了变革的巨大动力。

解决变革问题的有效方法

当工作中出现了困难和问题时，企业通常会选择开会讨论一下解决办法。团队学习法的不同是采用层层深入的逻辑，使用工具抽丝剥茧地分析问题产生的原因，找到需要破除的障碍是什么，最后落实到行动计划，比较系统和全面，避免了就事论事和群体迷思（group thinking），以及未经系统思考和集思广益就仓促做出决定而产生的后遗症。在团队成员都有机会充分表达意见时，他们往往会通过激烈的碰撞产生思维的火花，找到最合适的一条解决途径，在团队内对问题及解决办法形成统一认识，这在之后的执行过程中无论是对目标的理解，还是协同配合都大有裨益。

问题导向是团队学习法的出发点，遇到问题通过群策群力用集体的智慧找到解决问题的办法，也是凝聚共识、协作共担的一次合作。团队成员在一起一次次共同激荡思维，熟悉解决问题的思路，用批判性思维分析问题背后的深层次原因，梳理需要破除的障碍，帮助其他成员找出最佳解决路径，久而久之，培养了系统思考的思维方式，逐渐形成团队解决问题的方法论。

贯彻变革意图的有效抓手

每位一把手都遇到过自己的主张和阶段性工作得不到下级有效落实的烦恼。究其原因，一个是下属没能真正理解一把手的意图，另外一个是在宣贯过程中信息和力度层层衰减。为了加强执行力度，有些一把手专门设置了督导、检查执行情况的部门，但实际效果不见得有多好，从根本上来说增设部门并没有解决上面两个问题。团队学习研讨中的开场导入环节是一把手详细阐述要启动的主要工作的大好时机，可以面对比平时的会议更大范围的核心执行团队讲解背景、原因及希望达到的目的，然后在研讨环节持续观察大家的讨论是否与自己的意图一致，最后的总结讲话实际是再次澄清讨论中遇到的问题和困惑的过程，也对行动计划提出具体要求。如果研讨环节出现理解偏差还可及时纠正，是就一个主题多次往复互动直至达成共识的方式。在这个过程中团队对主题内容的丰富和补充使一把手的意图得到不同角度的理解和阐释，在这么大的范围内进行充分讨论并形成共识，会后执行起来就会顺畅很多。不了解团队学习内涵的人往往会说团队学习太耗费时间，那么多人花好几天的时间开会有点浪费。但从更长的时间段来看，磨刀不误砍柴工，这几天的研讨会加速了后续层层传达和执行的速度。而急于或忙于推进的传统方式反而欲速则不达，会出现之前提到的现象。

现在有些单位出现以会议落实会议、用文件传达文件的现象，也是因为这些单位没有合适的抓手，找不到创新的有效传达方式，只能采用老办法去贯彻落实上级精神，不仅效果不好，还会遭到群众内心的抵触，反而对实际传达效果产生反作用。团队学习法帮助团队采用合适的程序及工具集体学习和研讨，每个参与者都不可能置身事外，只能按照程序参与讨论，并且形成理解和认识，还得分享给团队成员，最后通过讨论达成共识，然后进行小组发言，不同的小组分享各自的观点，这又是一个认识的加深和丰富的过程。

领导者发动变革的有效方式

从第 5 章制定发展战略中的案例，读者了解到华润集团的集团多元化、产业专业化是如何从研讨到实现的，中粮集团的全产业链商业模式是如何打造的，还有中化集团的"科学至上"理念是如何形成核心价值理念的，又是如何指引中化集团和中国化工集团将自身打造成综合性化工强企的。回顾宁高宁职业生涯的管理实践，我们发现这些企业之所以走到现在，无不是进行了程度巨大的变革，而这些变革无一不是通过团队学习法推动的，也是宁高宁驾驭企业航船之舵。宁高宁通过采用团队学习法的高层研讨会，起承转合，娴熟地带领这几艘巨型航母驶向未来的彼岸。

杰克·韦尔奇曾经在 GE 内部推广一个加速变革（change acceleration process，CAP）工具来改变 GE 的大公司病，促进人们沟通交流，以客户和市场为导向精简流程、提高效率及提升客户满意度。杰克·韦尔奇之所以推出 CAP 工具，是因为他意识到未来是不确定的，而变化是永恒的。一个组织只有学习预见到未来的变化，并且引领趋势才能立于不败之地，"在你不得不改变前改变"是他在发起这场变革时提出的口号，也应该是所有领导者和组织牢记并践行的原则。CAP 有一个等式：$E=Q \times A$，E 是变革的效果，Q 是变革方案的质量，A 是团队的接受程度，可见凝聚共识对变革是多么重要。

在发动一线进行以客户为导向的变革运动时，杰克·韦尔奇还使用了另外一个工具，群策群力工作坊（workout workshop）⊖，自下而上地发动变革，充分调动一线员工的积极性和聪明才智，将大部分问题在一线解决，深层次问题逐层上交，这实质上是对官僚主义的另一场革命。

宁高宁曾参加中组部组织的在 GE 的国企一把手培训班，深受杰克·韦尔奇启发，之后他采用团队学习法发起了一个又一个变革，所到之处均在组织中通过研讨形成了一个个共识、愿景、目标和行动计划，有力地推动了一系列改革。

企业持续创新的源泉

俗话说"三个臭皮匠，赛过一个诸葛亮"，意指不可忽视群众的智慧。"从群众中来，到群众中去"是我党发挥群众智慧取得一个个胜利的有效方法。科技创新的发展给企业管理带来了新的挑战和问题，企业不得不重新定义管理，重新定义团队，才能应对以知识工作者为主的企业及员工管理，激发出新的组织活力迎接未来的挑战。

创新是智慧的最高表现形式，只有拥有高超的智慧才能应对复杂问题，熊彼特开辟了系统的创新理论⊜，他认为创新有以下五种类型。

（1）产品创新：创造一种新产品，就是消费者还不熟悉的产品或服务，比如发明新手机或汽车。

（2）技术创新：采用一种新的生产方法或技术，比如石墨烯技术，

⊖ 达夫·尤里奇，史蒂夫·克尔，罗恩阿什肯纳斯. 通用电气"群策群力"[M]. 柏满迎，等译. 北京：中国财政经济出版社，2003.

⊜ 约瑟夫·熊彼特. 经济发展理论[M]. 王永胜，译. 上海：立信会计出版社，2017.

如果电动车能够实现充电 5 分钟开车 1000 公里，并且可以商用，相信能颠覆汽车市场。

（3）市场创新：开辟一个新市场，也就是有关公司以前不曾进入的市场，不管这个市场以前是否存在过。比如，国内很多企业走出去，开拓欧洲、美洲和非洲市场都属于市场创新；当然，很多做代工的外贸企业如果开发国内市场，也属于市场创新。

（4）资源配置创新：掠取与控制原材料或半制成品的一种新的供应来源，例如企业控制了一种资源，可以是有形的，也可以是无形的。或者企业对资源进行国际化配置，比如美国的很多企业，研发在硅谷，生产在中国，客服在印度，也属于资源配置创新。

（5）组织创新：通过改革创新建立一种新组织形式，例如，日本京瓷的阿米巴，韩都衣舍的团队赋能，海尔的人单合一模式，都属于组织创新。

斯坦福大学的 D.School 开发出的设计思维是一种产品和服务创新的方式，主要是采用团队共创的模式，每个人都有自己的角色，在观察和采访客户后，集体讨论梳理客户的需求，并用头脑风暴发散式地打开思路，然后通过几种收敛工具确定客户最主要的需求点，并且整理出优先次序，之后是制作模型，并拿到客户处检验设计是否符合客户的真实需求。D.School 有专门的研讨室，和团队学习的场地布置几乎一样，还放了很多工具，便于大家集思广益后制作产品模型。

创新是一个互动学习的过程，成功的创新不仅源于企业内部不同形式的能力和技能之间多角度的反馈，同时也是企业与它们的竞争对手、合作伙伴以及其他众多的知识生产者和知识持有者之间联系与互动的结果。各创新要素之间的联系是创新系统的核心，正是要素联系孕育了创新。创新需要在不同技能、不同思想和不同价值观的人们良好的融合与交流中，才能激发出有创意的解决方案。

团队学习始终留给成员畅想的空间，通过归纳、演绎和提炼升华将新的设想与创意转化为一个个切实的行动，遇到困难和挫折再去不断反思、积累，形成组织的智慧，不仅是一个不断学习演变的循环，也形成不断迭代实验的循环，让创意持续转化为新产品、新的商业模式和运营模式，为企业的发展提供生生不息的源泉。

编辑本书是为了让更多的企业管理者和员工掌握一种新的学习和工作方式，有效促进团队建设和各项工作的开展，也希望通过使用团队学习法产生更多的企业应用案例，进而丰富团队学习法的实践，形成一个良性的循环。

中国企业正在走向全球市场，无论是沿着"一带一路"，还是开辟未知的市场，都需要我们知己知彼，都需要我们有强大的管理体系和文化支撑。从目前来看，在国际上被广泛认同和使用的中国管理理论和工具非常有限，即使有也无法和国际化实践接轨，得不到广泛应用，开发出一套世界一流的企业管理方法论有时代的需要，而团队学习法源于西方，却在中国企业中得到发扬和创新，结合"五步组合论"等中国管理理论，一定会为中国企业在国内外开拓市场、创新转型提供源源不断的动力，为东西方文化融合发挥润滑作用。

团队学习法适合企业经营管理的所有场景，是有效激活个人和组织的工具，特别适合东方内敛含蓄文化特质下团队的凝聚，引导团队将能量聚集、释放在工作中并在工作中爆发，将个人目标和团队目标、公司目标统一起来。"管理是从人出发再回到人的过程。"人是企业管理的出发点，离开了人的管理是无源之水，团队学习让所有活动都是由人构成、产生和升华的，最终反哺团队的成长和发展，从而带来企业或组织的持续提升和发展。

第四部分

研讨设计及使用的工具

第 10 章

策划设计

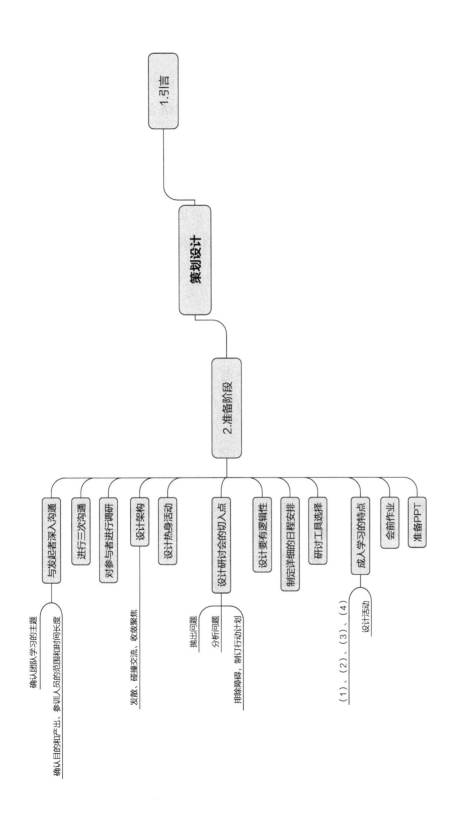

团队学习更关注组织中的真实问题，将团队组织起来解决自身存在的问题或挑战，所以团队学习与日常工作结合非常紧密，会涉及企业经营管理的方方面面。团队学习的产出对企业的经营管理和发展会产生直接和重大的影响，通常团队学习的发起者是企业的最高层管理者或者部门的主要负责人。因此，要保证团队学习的高效产出，每个环节都必须进行充分设计。该工作从需求提出阶段就已经开始了。下面我们将从准备阶段、现场实施①和后期跟踪阶段来介绍团队学习的设计内容。

准备阶段

准备工作的充分与否基本就决定了团队学习研讨会的成败。即使有丰富经验的催化师，也绝对不会没有任何准备就去实施一场团队学习研讨会。

这个阶段需要确认团队学习的目的和产出，需要进行日程设计、活动设计和工具选择，还要完成现场所用材料的准备，包括PPT、辅助物料等。这些工作不是催化师一个人可以完成的，他必须与团队学习的主要相关人员紧密配合。

这其中最主要的就是发起者，催化师要充分征求发起者的意图，帮助其梳理思路，确定主题和产出。在与团队学习发起者沟通时，催化师首先要了解发起者计划通过团队学习达到什么目的、解决什么问题、希望得到什么产出、都有哪些人员参加，才能做到"以终为始"，保证团队学习的正确方向。有时候管理者想通过一次团队学习解决几个不同维度的经营管理中的问题，这就需要催化师与发起者深入沟通，帮助他梳理问题的轻重缓急，将近似的问题合并归类，在征得发起者

---

① 详见第11章过程催化。

的意见后将最重要的问题和挑战确定为团队学习的主题。对于主题、目的和产出，保证与发起者有文字上的确认和共识，这样后面的准备工作才可以更加聚焦，有的放矢。与此同时，催化师也要与其确定参与人员的范围和时间长度。若讨论的是愿景、战略发展等问题，较短的时间无法取得预期效果，参与人员贡献产出不足也会影响效果。这就是要与发起者确认以上问题的主要原因。

团队学习的设计需要催化师多次与发起者进行沟通，以便确认或者明晰研讨的目的及产出，这也是不断理解发起者意图的一个过程。一般的设计过程包括三次较正式的交流：第一次是听取发起者对研讨会意图的介绍；第二次通常是设计出详细的日程安排后跟发起者进行一次沟通，通过介绍研讨会的组织安排，让发起者提出反馈意见；第三次是在会议进行前，就细节安排进行进一步的沟通，以确保双方的理解是在同一个基础上。

如果有条件，催化师在与发起者进行沟通之后，还要对部分参与者进行调研，从不同维度了解研讨会的背景和参与者的想法，听取各方面的建议。调研的同时也加强了彼此的熟悉度，控制现场及获取大家的支持也就更容易。

之后就需要催化师根据主题和调研来设计整个流程。研讨的架构通常包括三个部分：发散、碰撞交流、收敛聚焦。首先让团队成员有一个发散和打开的过程，目的是让参与者抛开日常的思维框架和种种限制，营造一种平等开放的氛围，让参与者畅所欲言地提出问题和想法。其次让大家有一个思维的碰撞，群策群力、集思广益。最后是收敛和聚焦过程，将大家讨论的题目逐渐聚焦在主题上，并且形成解决方案，或者是最后要落实的工作计划。

如何让参与者尽快敞开心扉，营造一个平等开放的研讨环境？通常会在研讨会开始时设计一个热身活动，目的是让参与者脱离平常工作的节奏和宽松的氛围，摆脱日常工作中的上下级关系和部门之间的沟通顾虑。热身活动通常会根据会议的时长来设计，一般三天的会议通常会设计三小时左右的热身活动；如果研讨会在一天半以内，热身活动通常在半个小时以内。热身活动的内容是与会议的主题紧密结合的，是为研讨会主题服务的。

研讨会的切入点往往是问题或挑战，让参与者畅所欲言，把工作中存在的问题和挑战都提出来。然后引导大家通过头脑风暴层层深入进行研讨。这个过程也是鼓励参与者充分发表个人意见，形成有益的直接碰撞。通过思想的碰撞和大家的讨论，让存在的问题和挑战显现得越来越清晰，并且梳理出主要问题和挑战，从而形成对问题和挑战的共识。接下来是对问题和挑战形成的原因做充分的分析，挖掘出问题和挑战背后的深层次原因，使团队的认知不是停留在一个浅表的层面，而是剖析出问题的根源和成因，为下一步解决问题、拿出落地措施或工作计划做好准备工作。最后一步是根据发现的原因，排除障碍，讨论出工作方案。工作计划和方案一定要按照可执行、可衡量、有时间节点、有负责人的方案原则来设计，以便会后跟踪落实、推进工作。

团队学习研讨会流程的设计还要考虑整体的逻辑性，保证从打开到碰撞再到收敛这个过程是紧密围绕着主题进行的，避免偏离主题或没有研讨成果产出。为达到这个目的，往往需要在研讨会开始时由发起者介绍本次研讨会的目的、背景及希望达成的成果。但切忌由发起者直接表达自己的观点，给参与者限制或限定范围，影响大家集思广益。为了拓宽参与者的思路，有的时候也会设计外部嘉宾分享环节，从全局的、行业的、竞争对手的、对标学习对象的角度分享不同的观点，以启发参与者的思路。

主流程确定以后就着手制定详细的日程安排，这时需要考虑每个环节、每个步骤如何紧密衔接，还要控制研讨会总的时间安排，在研讨会的时间范围内完成，这往往也是研讨会设计最难把握的一部分。由于研讨的进程因参与者的数量、特点、讨论焦点的不同而有差异，因此需要设计者充分考虑每个步骤的细化、研讨工具的使用，以及可能的日程安排的变更，准备好充足的预案。

研讨工具的选择也是设计的一个重要考虑因素。为了保证参与者能够进行结构化的研讨，研讨工具的使用是必不可少的，但是要避免一次性使用过多工具，或使用过于复杂的工具，因为这样可能导致形式掩盖了内容。有的研讨会看似热热闹闹，但参与者会后对研讨结果不满意，甚至会导致这些人质疑这种研讨方式。通常要根据参与者对工具掌握的程度来决定工具的数量及难度，以达到实效为目的。

由于年龄、心理、生理、环境等方面的差异，成人具有与儿童和青少年学生不同的学习特征。美国成人教育家诺尔斯（Knowles）的成人教育思想是西方成人学习理论的主要代表。基于诺尔斯的成人教育思想，成人学习的主要特点可以总结为如下四点。

（1）学习自主性较强。成人学习者与儿童、青少年在学习的自主性上存在显著差别。在儿童和青少年的学习活动中，教师决定学习目的、学习内容、学习计划和教学方法，学生对教师具有较强的依赖。在成人的学习活动中，成人的自主性和独立性较大，对教师的依赖性低，具有较强的个人意识和个人责任感，能够自己选择学习内容、制订学习计划，希望教师关于教学的任何决定都在与他们协商后做出。

（2）个体生活经验对学习活动具有较大影响。个体生活经验的差异使儿童、青少年的学习活动与成人的学习活动存在较大差异。对儿童和青少年而言，个体经验主要来自成人的间接经验，并且很不全面，学习活动中能够对学习产生影响的直接经验非常少。对于成人学习者，学习活动中更多地借助于自己的经验来理解和掌握知识，而不是以教师的传授为主。成人的这一特点对其学习活动有如下特殊意义。

- 成人的已有经验与新知识、新经验的有机结合使成人的学习更加有效和有意义。
- 在学习活动中，成人本身就可以被当作学习资源，这种资源既能为自己也可以为他人利用。
- 成人的经验有时会形成某种学习定式而对学习产生消极影响。

（3）学习任务与其社会角色和责任密切相关。成人的学习任务已经由儿童、青少年时期的以身心发展为主转变为以履行特定的社会责任、达到一定的社会期望为主。对成人而言，学习任务是促使其更有效地履行他所承担的社会责任、提高社会威望的方式，往往学习成为他们职业生涯或生活状态的一个转折点。因此，这种学习具有更强的针对性，且学习动机较强。由此可见，了解成人学习者的各种学习需要在成人教学中非常重要。

（4）问题中心或任务中心为主的学习。儿童和青少年的学习目的指向未来的生活，而成人学习的目的则在于直接运用所学知识解决当前的社会生活问题。因此，成人学生更喜欢问题中心或任务中心的学习。教育活动对于成人是一个十分明确的学以致用的过程，他们能够针对社会生活中的具体问题进行学习，并具有通过学习解决实际问题的强烈愿望。

结合成人学习的特点，也要设计一些活动或者游戏，使大家在研讨的过程中不至于太疲劳。一般在下午和晚上安排一个小游戏或小活动，时间为 10～15 分钟。研讨环节也一般按照人的生物钟规律和精力的集中程度设计，通常每 90 分钟进行一个议题，每 20 分钟切换一个步骤，每 8 分钟设计一个讨论点。

按照成人学习的规律，为了提高参与者的积极性和参与程度，通常也会设计小组之间的竞赛环节。研讨会的设计者要对竞赛的评分规则进行设计，激发参与者发言、讨论、参与的积极性。需要注意的是，避免参与者过分在意竞赛规则而不能保证研讨的质量。

在团队学习研讨会之前，为了让参与者提前思考与主题相关的内容，有时也会设计相关的会前作业，如要求参与者带着问题和建议来，或阅读与研讨会主题相关的书籍或材料。

催化师在完成流程设计后就要准备实施引导的PPT，其中的每一页实际上是引导的一个知识点或控制点，需要反复斟酌和排练，以达到熟练掌握的程度，PPT页与页之间的衔接需要有严密的逻辑性。

第 11 章

过程催化

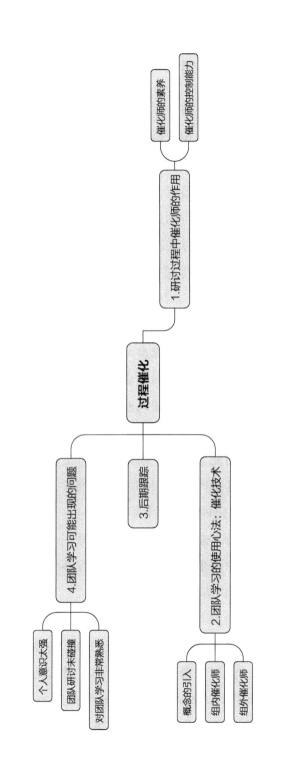

研讨过程中催化师的作用

团队学习研讨会的催化师需要对整个流程了然于胸，对所采用的方法工具熟练掌握并灵活运用，以保证研讨按照步骤顺序进行，在限定的时间内完成，达到预期的目标，取得有效的成果。

在研讨的过程中，催化师应该按程序，循循善诱、步步深入，通过工具介绍和提问来推进研讨的进行。这就要求催化师给参与者讲解日程安排、步骤和工具使用方法。催化师所起的作用，既像一个培训师，又像一个会议主持人，但是不介入研讨过程，不发表个人意见，始终保持中立。

引导过程就像指挥一场交响乐，从序曲到每个篇章再到最后的完美收尾，调动每一个参与者有序地参与研讨。催化师不仅要营造一个开放平等的研讨氛围，引导每个参与者打开自己的心扉，还要把研讨推向一个个高潮，产生激烈的头脑风暴和思想碰撞，最后又能按照流程产出结果，是一个从打开到碰撞再到收敛的过程。这就要求引导者有非常强的驾驭局面的能力，这个能力源于对主题的深刻理解，对参与者的详细分析，对可能产生的问题的事先准备，乃至对业务的深入了解。正所谓，台上一分钟，台下十年功。

在实施引导的现场，催化师要时刻关注每一个参与者的反应，确保他们将注意力都集中到催化师身上。一旦有参与者注意力分散，就要及时调整引导节奏和内容。

在研讨过程中有的参与者会对某些工具不熟悉，或者产生疑问，催化师还要及时答疑解惑，以保证工具使用的正确性和研讨的顺利进行。按照成年人在一天当中精力的衰减规律，通常把知识分享型的内容放在上午进行，而将讨论的内容放在下午和晚上进行。

为了让每一个参与者都参与讨论，要为小组的每一个成员设计分工角色，避免因为性格的原因只有部分人参与讨论，而另一部分人在一旁无事可做。为了活跃气氛，提高大家的参与度，隔一段时间让每个小组进行小组发言，或加入一些竞赛类的活动。

催化师在研讨过程中要不停地到各小组去巡查，一方面是答疑解惑，另一方面是指导使用工具，及时纠正错误，避免个别小组和整体的研讨进度不一致。为了保证研讨的效果，通常会对某些工具进行事先准备，如印刷好的工具模型，方便与会者使用。

如果运用犀利提问或内部私董会流程，引导者需要仔细聆听每个人的发言，在关键时刻可通过提问的方式将研讨引导进入更深的层次，避免研讨停留在表面而无法获得碰撞后的启发。

团队学习的使用心法：催化技术

从团队学习研讨战略的效果角度看，研讨工具及工作坊流程是发挥作用的一只手，催化技术则是另外一只手。催化就像研讨的节拍器和指挥棒，将每个乐手的精湛技艺融汇成一部交响曲。正因如此，催化技术又被称为团队学习的使用心法。

催化师是使用这一心法的灵魂人物，他要像主持人一样串联每个环节；像指挥家一样让小组成员步伐协调，达成共识；像教练一样通过提问启发大家思考；像警察一样及时排除各种干扰因素，让研讨顺利进行。

团队学习中的催化师主要分为两种：组内催化师和组外催化师。组内催化师本身就是小组成员，也就意味着催化师也是团队学习研讨的一员。受本身角色的要求，组内催化师关注各个环节的过程管控，激发组员思考，及时归纳和总结小组的意见，但一般不主动发表观点，只在最后的意见补充和澄清环节发表自己的见解。组内催化师的好处是熟悉公司、与组员交流更顺畅、更容易感知和捕捉到研讨的关键点。

风险是容易陷入内容的漩涡，丧失中立地位，同时由于缺乏催化经验和技术会导致小组难以达成共识并拖延研讨时间。在战略等主题研讨的场景里，组内催化师的这种风险表现得尤为突出。

组外催化师一般是具有一定催化经验的专业或半专业催化师，与研讨主题和研讨人员一般也没有直接的利害关系。其优势在于可以聚焦研讨过程，进行有效干预，快速达成共识。其风险是无法有效捕捉战略关键点，无法与组员进行深度的探寻和交流，但这种风险在一定程度上可以通过团队学习前的高管访谈、课题背景学习及团队预热等进行弥补。

目前的团队学习研讨一般采用内外催化师相结合的方法。外部催化师担任主催化师，统一下达指令、协调各组的研讨进度、整合各组的产出。内部催化师负责各组研讨进度的掌控、工具方法的讲授、学员间的质疑和反思。内外催化师相互配合，共同完成研讨。此外，为了内部催化师更好地发挥作用，一般在研讨开始前主催化师需要提前为内部催化师赋能，讲解结构、逻辑、工具和注意事项。很多企业也是采用这种方法给企业高管传授团队学习方法的。

后期跟踪

团队学习的成果如果不落地，就无法发挥其解决真实问题和挑战的作用，就会让发起者和参与者认为这不过是走过场。因此，研讨之后的跟踪也是非常重要的，通常由发起者组织人员来跟踪落实。参与者会在现场制订出行动计划，并且会确定负责人和关键里程碑。这就要求大家在会后按照这个达成共识的行动计划表来推进。发起者也要进行定期跟踪和考核。

团队学习可能出现的问题

团队学习研讨的过程中有时会出现几种影响最终效果的现象，一种是其中的少数人员具有极强的掌控意识，通过表达个人意见带着团队一边倒式地走向他所期望的结论，而其他成员难以表达不同意见，这样就违背了集体学习的初衷。对于这种情况的预防，要求在小组成员安排上有意识地减少这样的影响。如果在研讨过程中发现这样的现象，催化师要及时介入鼓励其他成员表达意见，进行疏导，使团队重新开始平等的讨论。

另一种影响研讨效果的现象是团队研讨没能产生碰撞，讨论始终停留在浅表层面，不能深入，也无法输出高质量的成果。这种现象更多的是由于事先的准备工作不足，或是研讨设计的原因及工具使用的问题，需要研讨会设计者在研讨设计环节对方案进行推演，及早发现问题并进行修正。如果在研讨进行时发现此类现象，也需要催化师及时介入，带领大家逐步深入，从而保证研讨效果。

第三种时常出现的现象是由于参与者对团队学习的方法非常熟悉，有时会产生审美疲劳，进而绕过必要的研讨碰撞环节直接给出答案，追求速度和省事，这就违背了团队学习的目的。这种现象的发生往往是由于过去的经验让参与者凭直觉或演绎就可给出结论，研讨主题深度不够而造成的，或者是研讨产出没有升华，没有提炼出高度概括的可指导经营管理的原则或模型，即将隐性知识升华为显性知识。

第 12 章

常用工具

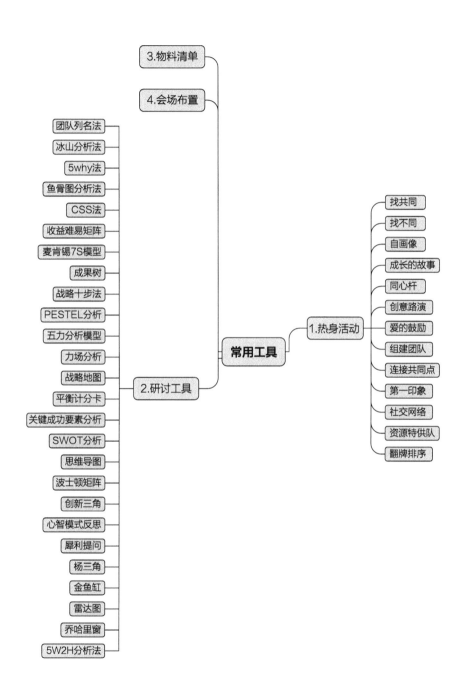

热身活动

1. 找共同

目的：熟悉大团队，消除彼此的陌生感。

人数：40人左右。

估计时间：10分钟。

道具：每人一张设定好问题的问卷（见图12-1）。

请让我了解你　　　　我的名字：

现场所有人中，请符合条件的人在方框中签名（10分钟）

1. 属于1985年前的人是（不含1985年）：

2. 符合下列星座的有：

摩羯座				
金牛座				
处女座				

3. 与我籍贯相同的是：

4. 与我属相相同的是：

鼠				
猪				
羊				

5. 与我最喜爱运动相同的是：

图 12-1　找共同

步骤：

（1）请各学员找到符合问卷条件的人，并请他将名字签在方框内。

（2）需要保证每道题至少有一个签名。

（3）听到摇铃声，请回到座位坐好。

（4）获得签名数量最多的前三位学员，所在组可获得加分。

2. 找不同

目的：缓和氛围，突破思维定式。

人数：不限。

估计时间：10分钟。

道具：无。

步骤：

（1）将全班学员分成两组。

（2）两组两两相对，相互观察对方，活动将进行三轮，分别在5秒、10秒、15秒后主持人给出"向后转"口令，学员做出1个、5个、10个自己身上的变化，主持人再次给出"向后转"口令，学员转回来后，让对方找出自己身上的变化。

3. 自画像

目的：自我认知，团队融合。

人数：40人以内/多于40人。

估计时间：100分钟/40分钟。

道具：抽奖箱。

步骤：

（1）人数40人以内，可采用抽自画像的方式，先由催化师抽出一张并朗读上面的文字，下面的学员抢答是谁，当被猜中后，请自画像拥有者上前读完后面内容，然后说一件自己最喜欢的事，随后抽出下一张自画像并朗读，依此往复进行。

（2）用时每人控制在 2 分钟内。

（3）人数多于 40 人的，为了避免拖沓现象，可分组进行小组内的自画像朗读及我喜欢的某件事分享，所有小组均分享完后，催化师可随机抽取小组内学员询问他最喜欢什么，可邀请小组内自画像最接近的成员上台给全班分享。

4. 成长的故事

目的：回顾成长经历，个人总结，分享经验教训。

人数：20 人左右。

估计时间：2 小时。

道具：无。

步骤：

（1）参与者事先准备对自己的成长道路影响最深刻的事情。

（2）每人分享 5 分钟。

（3）选出 5 个最精彩的经历。

（4）学员提问。

（5）主持人总结领导力提升要点。

5. 同心杆

目的：团队合作，破除障碍，解决问题。

人数：每组 10 人。

估计时间：10～15 分钟。

道具：纸杆、铃铛。

步骤（见图 12-2）：

（1）每人用一根食指向上抬纸杆。

（2）规定部位之外不可以接触杆。

（3）杆必须保持水平下降。

（4）先让杆落到指定位置并碰响铃铛的组为胜。

（5）出现掉杆、斜杆、姿势不规范或违规行为均要重新开始。

图 12-2　同心杆

6. 创意路演

目的：激发创新思维。

人数：每组 10 人。

估计时间：2 小时。

道具：一箱大号乐高玩具。

步骤：

（1）组建创业团队，小组内团队分工。

（2）形成创意，构想创新产品。

（3）用乐高玩具组装产品或创意模型。

（4）每组进行路演陈述。

（5）由评委点评并决定是否投资（模拟）。

7. 爱的鼓励

目的：鼓舞士气，活跃气氛。

人数：不限。

估计时间：5分钟。

道具：无。

步骤：

（1）催化师先示范，按如下节拍鼓掌：嗒嗒，嗒嗒嗒，嗒嗒嗒嗒，嗒嗒。

（2）可先分组练习，检查各组的效果，第一个完成且声音整齐的队可给予奖励。

8. 组建团队

目的：成员快速熟悉，消除陌生感，进行角色分配。

人数：本小组成员。

估计时间：10分钟。

道具：白板纸、白板笔。

步骤：

（1）每个小组分别拟定队名和口号，并设计队徽和队形，同时选出角色的拥有者。

（2）小组在前台展示成果，介绍组员、队号、口号，摆出队形。

（3）团队角色分配可同时在组建团队时完成，在上台展示时一并介绍。

9. 连接共同点

目的：让陌生参与者尽快熟悉。

人数：每组 10 人。

估计时间：10 ~ 15 分钟。

道具：白板纸。

步骤（见图 12-3）：

（1）每位组员在白板纸上根据自己的手掌画出手掌印并写上自己的名字。

（2）在每根手指上写出自己的爱好。

（3）组员间爱好一致的在手指间画上连线。

（4）找出共同的爱好。

（5）小组代表发言。

图 12-3　连接共同点

10. 第一印象

目的：让他人了解我。

人数：60 人以内。

估计时间：20 分钟。

道具：A4 纸、笔。

步骤：

（1）全员动起来，学员拿着手里的纸，找在场的 5 ~ 8 个人给出对自己的第一印象（三个词）。

（2）找完后回到本组，归纳、整理。

（3）组内分享。

11. 社交网络

目的：了解参训成员，发现人与人之间的关系，队伍建设，打开一个话题。

人数：30 人。

估计时间：20 分钟。

道具：每名参与者一张 3M 方形贴及彩笔、一组一张白板纸。

步骤：

（1）请学员用彩笔在方形贴上画一个十字，在左下角写上自己的名字、右下角画一个能够代表自己的肖像、左上角写上自己的爱好、右上角写上自己最近比较高兴的事情（见图 12-4）。

（2）学员逐一将自己的方形贴贴在白板纸上，并与白板纸上的其他参与者进行连线，在连线上标明双方的关系，比如旅友、乐友、书友等。

备注：这个网络保留在粘贴墙上的，如果大家有新的发现，可以随时进行观察、增加、修改。

图 12-4　社交网络

12. 资源特供队

目的：破除障碍，充分发挥团队协作精神，创新性解决问题。

人数：不限。

估计时间：10 分钟。

道具：小桌子。

步骤：

（1）在前台按分组数摆放对应数量的小桌，并有对应数量的助教。

（2）主持人提出一样物品名称后，每个组分别找到并放至写有本组名称的小桌上。

（3）助教确认合格后举手示意。

（4）最快的组加 3 分，第二名加 2 分，第三名加 1 分。

（5）共 5 样物品，综合得分第一者胜。

13. 翻牌排序

目的：破除障碍，认识沟通对团队目标实现的重要意义，制度规则的建立与修正。

人数：不限。

估计时间：15 分钟。

道具：扑克牌。

步骤：

（1）A 到 K 共 13 张牌，打乱顺序盖在桌面上。

（2）让每个队同时出一个人来翻牌，但必须按顺序翻，第一个人没翻对则第二个人继续翻。

（3）如果前面的人翻对了，就翻开放在桌面上，如果不是按顺序翻的，则照旧盖上，后面的人继续翻；前一个人翻牌后，回到出发点与下一人击掌，下一人方可出发，否则视为违规。

（4）在翻牌的过程中不能说话，可以用其他方式进行沟通。

（5）如果哪个队有人犯规则该队停止 30 秒。

研讨工具

研讨工具帮助参与者在结构化的工具辅助下更加聚焦,避免偏离主题。下面列出了团队学习研讨中常用的一些工具供大家了解。

1. 团队列名法

团队列名法是头脑风暴的一种,是用来共同讨论和决策的一种方法。通过集思广益,最大限度地收集所有人的意见,最终归纳总结达成一致的看法。

具体使用步骤如下(见图 12-5):每个参与者将问题或建议写在一张纸上,一个问题写一张,写好后研讨小组围绕在粘贴布周围做归纳,找出小组共同的 5~6 类问题,并将问题概括在一张纸上,贴在此类问题最上端。

图 12-5 团队列名法

2. 冰山分析法

冰山分析法是找到掩藏在表面现象背后的原因或根本问题的一种工具,适用于从多个问题中聚焦一个主要问题,与团队列名法衔接使用效果更好。

操作步骤是把团队列名法归纳出的问题按同样的顺序排列在横轴和纵轴,然后一一进行因果分析,如果横轴的问题是纵轴问题的原因,在对应的表格里填"-1",反之填"+1"。如果两个问题不是互为因果关系,则填"0"。最后纵向统计每个问题的得分合计,如图 12-6 所示。

	凝聚团队不够	客户导向不足	专业能力不足	创新能力不足	责任担当不够
凝聚团队不够		0	1	1	-1
客户导向不足	0		1	1	-1
专业能力不足	-1	-1		0	0
创新能力不足	-1	-1	0		-1
责任担当不够	1	1	0	1	
	-1	-1	2	3	-3

图 12-6 冰山分析法

将负分最大值的问题填到根本问题上,将正分最大值的问题填到表面问题上,介于两者之间的填在过渡问题上,如图 12-7 所示。

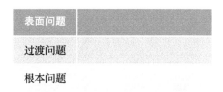

图 12-7 冰山问题分类

3. 5why 法

丰田公司前任工程师、丰田生产系统的首席工程师大野耐一(Taiichi Ohno)发明了"5why"发问程序,用于提出"原因是什么"问题。这一程序是大野耐一的创新型生产系统的核心。根据这个"5why"发问程序,每当遇到一个问题的时候,都必须问"为什么"5次以上,以求揭示因果链,找出创新性的解决方案(示例见图 12-8)。许多世界上最为创新的公司都借鉴了"5why"发问程序,用于督促员工发问,帮助他们更好地了解现状,找出其他新的可能性。

图 12-8 5why 法示例

4.鱼骨图分析法

鱼骨图是一种发现问题"根本原因"的分析方法（见图 12-9）。其特点是简便、直观。它看上去有些像鱼骨头，要分析的问题标在"鱼头"，在鱼骨上画出鱼刺，上面按出现机会多寡列出产生问题的可能原因，有助于说明各个原因之间是如何相互影响的，是一种透过现象看本质的分析方法。具体使用步骤如下。

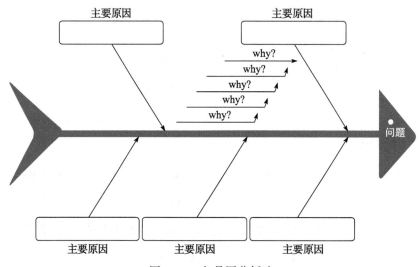

图 12-9　鱼骨图分析法

（1）把问题标在"鱼头"。

（2）召集同事共同讨论问题出现的可能原因，尽可能多地找出主要原因。

（3）把主要原因在主鱼骨上标出。

（4）针对主要原因再问为什么，尽可能多地层层追问原因。

（5）将每个层次的原因标注出来，直至认为无法继续提问。

5.CSS 法

CSS 是 continue、stop、start 的首字母缩写，是一种通过团队研讨得出从行为角度描述应该继续保持什么、停止做什么和开始做什么的工具，被广泛应用于变革和创新领域。

具体操作步骤是经团队研讨后，在继续和保持的行为、停止的行为和建议启动的行为词组下填写相应内容，如图12-10所示。

Continue （继续和保持的行为）	Stop （停止的行为）	Start （建议启动的行为）
• 追求创新 • 理念信念 • 深挖纪检价值 • 不能腐体制机制建设	• 只重当期经营 • 绩效=规模和利润 • 对系统的不重视	• 搭建高效的信息化系统 • 完善奖惩、容错机制 • 弹性绩效、动态KPT考核 • 互联网+纪检

图 12-10　CSS 法

6. 收益难易矩阵

收益难易矩阵是聚焦重点的一个工具，根据所做工作的难易、收益决定要抓的主要矛盾，给使用者清晰的工作顺序建议。使用方法是将计划进行的工作按收益及难易程度放到矩阵中去，然后就可以一目了然地梳理出工作进行的次序，如图12-11所示。

		收益	
		低	高
难易	易	第三优先	最优先
	难	最后	第二优先

图 12-11　收益难易矩阵

7. 麦肯锡 7S 模型

7S模型（见图12-12）指出了企业在发展过程中必须全面考虑各方面的情况，包括结构（structure）、系统（system）、风格（style）、员工（staff）、技能（skill）、战略（strategy）、共同价值观（shared value）。

也就是说，企业仅有明确的战略和深思熟虑的行动计划是远远不够的，因为企业还可能会在战略执行过程中失误。因此，战略只是其中的一个要素。在模型中，战略、结构和系统被认为是企业成功的"硬件"，风格、员工、技能和共同价值观被认为是企业成功的"软件"。7S模型提醒经营管理者软件和硬件同样重要，各公司长期以来忽略的人性，如非理性、固执、直觉、喜欢非正式的组织等，其实都可以加以管理，这与各公司的成败息息相关，绝不能忽略。

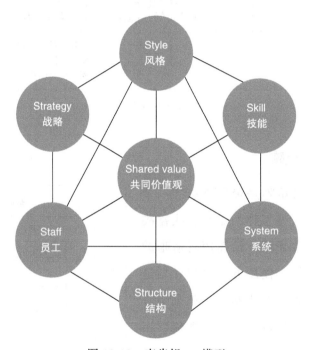

图 12-12　麦肯锡 7S 模型

7S模型在查找一个公司的问题时给出了一个全面的框架，使团队成员全面认识在经营管理方面可能忽视或做得不够的地方。

8. 成果树

成果树是一种归纳总结的方法，通常用于总结工作成果。按照取得成果的土壤、主干、枝干及成果层层梳理得出全景图，帮助参与者清晰地认识到取得成果的各项必要条件及逻辑。

参与者按照模板或自行画出树状结构，然后将各项条件及成果按序梳理并画在树的各个部位，如图12-13所示。

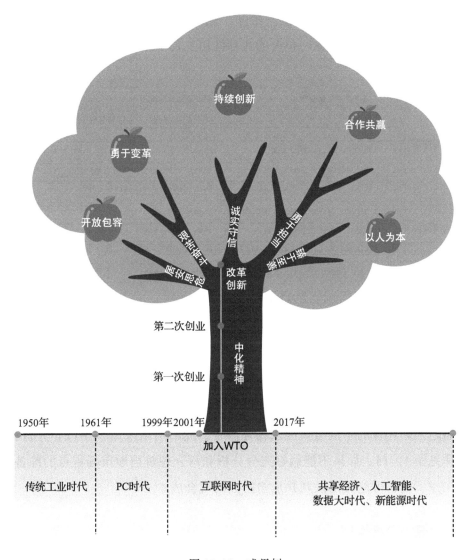

图12-13　成果树

9. 战略思考十步法

战略思考十步法（见图 12-14）是宁高宁在华润集团工作时开发的一套制定战略的系统方法。出发点是企业的愿景和使命，切入点是内外部环境分析、竞争分析、客户分析和自身能力分析，知己知彼然后选择发展的方向并进行定位。在以"战略制定"为主题的研讨中通常只用到前六步。这个方法包含的几种常用工具将在后面详细介绍。

	步骤		工具
战略制定	01	描述愿景及企业使命	愿景及使命结构图
	02	市场环境及竞争结构的分析	PESTEL、五力模型、外部因素评估矩阵
	03	竞争对手分析及情报系统的建立	竞争态势矩阵
	04	客户群细分及价值链分析	价值链、客户群复合定位矩阵、市场评估工具
	05	分析自我能力及目标的时段性	能力因素分析图、内部因素评价矩阵
	06	战略定位、战略规划及战略管理	SWOT分析、定量战略计划矩阵等
战略实施	07	与定位相吻合的其他战略及资源配置	品牌知觉图
	08	管理效率及管理工具的实施	平衡计分卡（BSC）、六西格玛、流程再造
	09	构建成本领先或差异化的竞争优势	成本领先战略分析框架、差异化战略分析框架
战略评价	10	战略目标推进中的不断反思、调整	战略反思调整框架

图 12-14 战略思考十步法

10. PESTEL 分析

当进入新的市场，尤其是国际市场时，企业要事先对当地的政治、经济、社会文化、技术、环境和法律进行分析，以避免采用惯用做法而陷入新环境的不同合规要求的陷阱中，此时可以采用 PESTEL 分析，详见图 12-15。如果不能做好充分分析和深入理解当地市场特点的准备工作，就有可能做出误判并承担巨大的机会成本。

11. 五力分析模型

哈佛大学教授迈克尔·波特的五力分析模型（见图 12-16）提供了

对行业的全方位分析，是竞争形势分析和战略制定的有效工具。

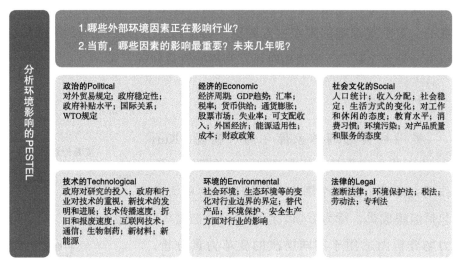

图 12-15　PESTEL 分析

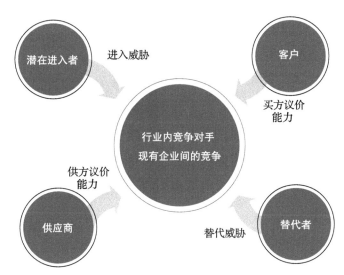

图 12-16　五力分析模型

五力分析模型从行业内竞争对手、客户、供应商、潜在进入者和替代者几个角度综合分析行业形势，是一个竞争形势的全景图。竞争战略从一定意义上讲源于企业对决定产业吸引力的竞争规律的深刻理解。任何产业，无论国内的还是国外的，无论生产产品的还是提供服务的，竞争规律都体现在这五种竞争的作用力上。因此，波特五力分析模型是企业制定竞争战略时经常利用的战略分析工具。

12. 力场分析

美国社会心理学家库尔特·勒温（Kurt Lewin）提出的力场分析图是建立在作用力与反作用力基础上的一个图表分析模型。这些力量包括组织成员、行为习惯、组织习俗及态度等。力场分析图适用于不同层次的变革力量分析，如个人、项目、组织、网络等，能够帮助识别出促进或阻碍变革的各种力量。力场分析图帮助用户直观展现既定议题下的"力量之争"。通常，拟定的变革计划总是位于力场分析图的最上方（见图12-17），其下，图分为两栏。驱动力位于左栏，制约力位于右栏。各力量作用的方向均指向中间的分栏线。其中，箭头较长则意味着作用力较强。力场分析图要表达的意思就是，同一事物遭受所有不同力量的作用，并发生相应变化。

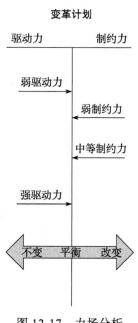

图 12-17　力场分析

（1）描述当前状态。

（2）描述期望状态。

（3）辨认如果不采取任何行动的后果。

（4）列出朝向期望状态发展的所有驱动力。

（5）列出朝向期望状态发展的所有制约力。

（6）对所有力量逐一进行讨论与研究：它们是否真实有效？它们能否被改变？它们中的哪些是最为关键的？

（7）用 1～10 的数字对每种力量的强度进行打分，其中 1 代表力量最弱，10 代表力量最强。

（8）在图上按比例标出力量箭头，其中驱动力位于左侧，制约力位于右侧。

（9）通过力量分析，对变革的可能及其过程进行判断。

（10）分析讨论如果减弱制约力或加强驱动力，对变革会产生怎样的影响。

（11）需要注意的是，改变某一驱动力或制约力，有可能对其他力量产生关联影响，甚至产生新的力量。

13. 战略地图

战略地图由罗伯特·卡普兰（Robert Kaplan）和戴维·诺顿（David Norton）提出。战略地图是在平衡计分卡的基础上发展来的，与平衡计分卡相比，它增加了两个层次的东西，一是颗粒层，每个层面都可以分解为很多要素；二是增加了动态的层面，也就是说战略地图是动态的，可以结合战略规划过程来绘制。战略地图是以平衡计分卡的四个层面目标（财务层面、客户层面、内部层面、学习与增长层面）为核心，通过分析这四个层面目标的相互关系而绘制的企业战略因果关系图（见图 12-18）。

战略地图的核心内容为企业通过运用人力资本、信息资本和组织资本等无形资产（学习与成长），才能创新和建立战略优势与效率（内部流程），进而使公司把特定价值带给市场（客户），从而实现股东价值（财务）。

其基本绘制过程如下。

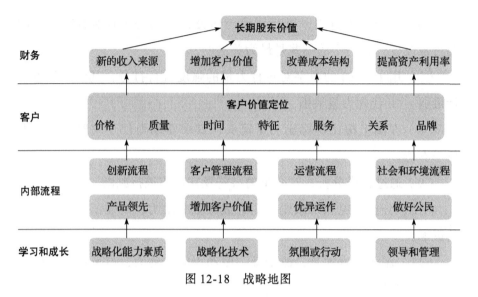

图 12-18　战略地图

（1）确定股东价值差距（财务层面）。比如股东期望五年之后销售收入能够达到五亿元，但是公司只达到一亿元，距离股东的价值预期还差四亿元，这个预期差就是企业的总体目标。

（2）调整客户价值主张（客户层面）。要弥补股东价值差距，要实现四亿元销售额的增长，需要对现有的客户进行分析，调整你的客户价值主张。客户价值主张主要有四种：第一种是总成本最低，第二种是强调产品创新和领导，第三种是强调提供全面的客户解决方案，第四种是系统锁定。

（3）确定价值提升时间表。针对五年弥补四亿元股东价值差距的目标，要确定时间表，第一年提升多少，第二年和第三年提升多少。

（4）确定战略主题（内部流程层面），要找关键的流程，确定企业短期、中期、长期做什么事。有四个关键内部流程：运营流程、客户管理流程、创新流程、社会和环境流程。

（5）提升战略准备度（学习和成长层面）。分析企业现有无形资产的战略准备度，具不具备支撑关键流程的能力，如果不具备，找出办法来予以提升，企业无形资产分为三类：人力资本、信息资本、组织资本。

（6）形成行动方案。根据前面确定的战略地图以及相对应的不同目标、指标和目标值，制订一系列的行动方案，配备资源，形成预算。

14. 平衡计分卡

平衡计分卡（见图12-19）源自哈佛大学教授罗伯特·卡普兰与诺朗顿研究院的首席执行官戴维·诺顿于20世纪90年代所从事的"未来组织绩效衡量方法"。当时该研究的目的在于找出超越传统以财务量度为主的绩效评价模式，以使组织的策略能够转变为行动。平衡计分卡主要是通过图、卡、表来实现战略的规划，从财务、客户、内部运营、学习与成长四个角度，将组织的战略落实为可操作的衡量指标和目标值的一种新型绩效管理体系。设计平衡计分卡的目的就是要建立

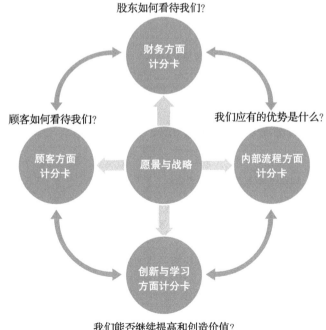

图12-19　平衡计分卡

"实现战略制导"的绩效管理系统,从而保证企业战略得到有效执行。因此,人们通常称平衡计分卡是加强企业战略执行力的最有效的战略管理工具。

15. 关键成功要素分析

关键成功要素分析法（critical success factors，CSF）于 1970 年由哈佛大学教授威廉·扎尼（William Zani）提出。关键成功要素指的是对企业成功起关键作用的因素。关键成功要素分析就是通过分析找出使企业成功的关键因素，然后围绕这些关键因素确定系统的需求,并进行规划。现行系统中总存在着多个变量影响系统目标的实现,其中若干个因素是关键的和主要的（即成功变量）。通过对关键成功因素的识别,可以找出实现目标所需的关键信息集合,从而确定系统开发的优先次序,示例如图 12-20 所示。

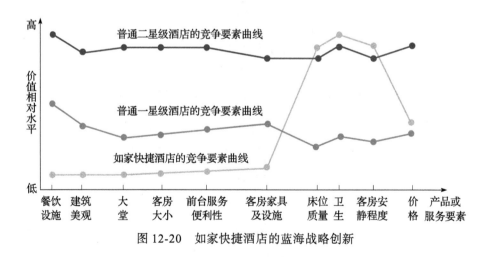

图 12-20　如家快捷酒店的蓝海战略创新

16. SWOT 分析

SWOT 分析，即基于内外部竞争环境和竞争条件的态势分析，就是将与研究对象密切相关的各种主要内部优势、劣势和外部的机会与威胁等，通过调查列举出来，并依照矩阵形式排列，然后用系统分析的思想，把各种因素相互匹配起来加以分析，从中得出一系列相应的结论（见图12-21）。

	内部环境	
	优势 （strengths）	劣势 （weaknesses）
外部环境 机会 （opportunities）	S-O战略	W-O战略
威胁 （threats）	S-T战略	W-T战略

图12-21　SWOT分析

S（strengths）是优势，W（weaknesses）是劣势，O（opportunities）是机会，T（threats）是威胁。按照企业竞争战略的完整概念，战略应是一个企业"能够做的"（即组织的强项和弱项）和"可能做的"（即环境的机会和威胁）之间的有机组合。

运用这种方法可以对研究对象所处的情景进行全面、系统、准确的研究，从而根据研究结果制定相应的发展战略、计划以及对策等。

17. 思维导图

思维导图由英国心理学家托尼·布赞（TonyBuzan）发明，是一种图像式的思维工具，把各级主题的关系用相互隶属与相关的层级图表现出来，把主题关键词与图像、颜色等建立记忆链接。思维导图充分运用左右脑的机能，利用记忆、阅读、思维的规律，协助人们在科学与艺术、逻辑与想象之间平衡发展，从而开启人类大脑的无限潜能，示例如图 12-22 所示。

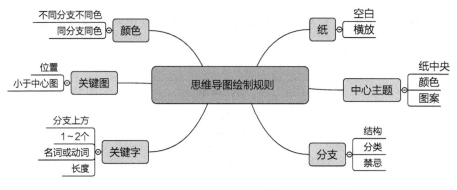

图 12-22　思维导图

18. 波士顿矩阵

波士顿矩阵由美国著名管理学家、波士顿咨询公司创始人布鲁斯·亨德森于 1970 年首创。波士顿矩阵认为一般决定产品结构的基本因素有两个：市场引力与企业实力。市场引力包括整个市场的销售增长率、竞争对手强弱及利润高低等。其中最主要的是反映市场引力的综合指标——销售增长率。企业实力包括市场占有率、技术、设备、资金利用能力等，其中市场占有率是决定企业产品结构的内在要素。

以上两个因素相互作用，会出现四种不同性质的产品类型，形成不同的产品发展前景（见图 12-23）。

（1）销售增长率和市场占有率"双高"的产品群（明星类产品）。

（2）销售增长率和市场占有率"双低"的产品群（瘦狗类产品）。

（3）销售增长率高、市场占有率低的产品群（问题类产品）。

（4）销售增长率低、市场占有率高的产品群（现金牛类产品）。

		市场占有率	
		高	低
销售增长率	高	明星类产品	问题类产品
	低	现金牛类产品	瘦狗类产品

图 12-23　波士顿矩阵

19. 创新三角

创新三角理论由宁高宁提出，包括创新主体、创新方式、创新文化三个方面，把这三个方面结合起来思考，形成一种架构性的思考逻辑，逐步解决创新问题（见图 12-24）。

图 12-24　创新三角

关于创新主体，创新的系统必须是从上到下、自下而上融为一体，理念、制度和思维方式融会贯通。它是一个全员性的系统，应该浸透到所有工作之中，时时、处处成为人们的工作方法和思维方式。

关于创新方式，每一个创新领域和创新主体都要有标准化的工作方式与流程，创新工作也要常态化、制度化。

关于创新文化，构建一个创新型组织分为硬件和软件两个方面。硬件方面是制度性、流程性的，比如对创新投入的规定、创新管理的方法等，要针对目标加强硬件建设力度。软件方面主要是容错环境，即允许犯错。企业要放眼长远，把创新放在五年乃至更长的周期和大环境之下，从总体上看一项创新的投入产出比。

20. 心智模式反思

心智模式是人与环境结合产生的固化的现象。心智模式反思是帮助我们突破定式思维的局限，找到真正转变依据的一种工具。心智模式可按如下六步进行反思（见图12-25）。

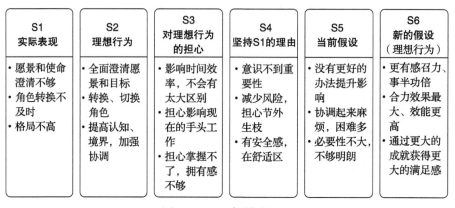

图12-25　心智模式反思

（1）分析自己的实际表现。

（2）寻找自己应有的理想行为。

（3）探寻对理想行为的担心。

（4）找到自己为何有第一步中涉及的表现。

（5）建立当前的假设。

（6）积极探索设立理想行为的假设。

每一个行为的背后都有不同的心智模式，只有将心智模式进行剖析，才能比较好地认清当前行为发生的原因，也更有助于探讨新的行为模式。这个工具主要是帮助领导者进行深度反思，客观深入地分析心智模式。领导者可以通过对当前行为的剖析，找到背后的担心和假设，并且思考和探讨新的行为以及新行为没有产生的背后原因。这个工具有很强的逻辑性，也很有穿透力，但耗时且操作难度较大。

好处：心智模式反思帮助挖掘各自的思考逻辑，将原本碎片的想法进行整理，将原本模糊的想法进行澄清。只有明晰了心智模式，才有可能找到行为多样性的深层次原因。通过分析，我们可以挖掘到较深层次的思维模式和思考过程。这个部分是很多人很少去触及的。

注意事项：

- 若要真正发挥作用不走过场，需要较长的时间来操作这个工具。很多人很难一下就掌握。在操作过程中催化师要适当给予支持和辅导。
- 很多人很难打开自己，自我保护意识非常强，不愿意呈现自己最隐秘的部分，因此要注意有效地引导和保护。
- 一定要营造足够安全的氛围，相互支持，要保密，这一点非常重要。

21. 犀利提问

案主小组陈述找到的差距，由其他小组中扮演记者的参与者依次提问，犀利的问题从不同角度提醒案主所在小组可能存在的问题，使案主所在小组更加全面地考虑自身业务的差距。然后各小组给案主小组提供自己的建议，帮助案主小组完善业务发展思路和方案。这个环节最后由案主谈感想、触动及收获。这个环节能够帮助参与者针对找到的差距进一步挖掘，获得全面、深刻的反思（见图 12-26）。

犀利提问通过对问题的层层追问、对假设的不断调整、对自我问题进行反思、厘清问题，最终找出自己最大的挑战，步骤如下。

- 案主介绍自己带来的问题："我工作中最大的一个困惑（苦恼、困难）是……"
- 其他组员询问背景（如需要）。

- 犀利提问第一轮（每人一问一答），2分钟。
- 案主点评：有无犀利问题、触动与调整。
- 犀利提问第二轮（快问快答）。
- 案主点评并决定问题是否被重新描述。

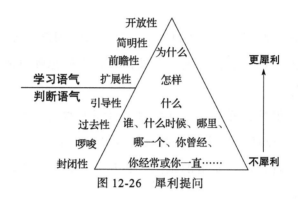

图 12-26 犀利提问

犀利提问是一个非常好的进行深度剖析的工具，会出现很多直面灵魂的深刻问题，但若操作不当也很容易成为走过场的工具。实际操作中经常会出现以下情况导致无法实现"犀利"。

- 案主心态不开放，以专家姿态"答记者问"。
- 提问者以粉丝状态"咨询"案主。
- 强调客观困难，出现抱怨情绪。
- 提出的问题越来越具体、封闭，越来越不犀利。
- 问题或答案太宏观，无法实现2分钟快问快答。
- 提问者忘记致力于提出犀利问题。
- 双方脱离探询，陷入"证明自己对"的辩论。

好处：犀利提问法是一种彼此进行深层次对话的工具，特别有力量。他人不同视角的发现可以帮助我们扩展视角、深入思考。其关键点在于犀利，彼此都要着眼于事情的本质，从关怀和提升的角度进行对话，只有这样才能保证你发挥较好的作用。

注意事项：

时间：很难快速进入开放而犀利的状态，通常是慢热，所以需要耐心，给大家较为充分的时间进入状态。

犀利：很多人担心问题太尖锐和过于深刻，让对方下不来台，而且担心对方也来"刁难"自己，所以问的问题经常不痛不痒。这时就需要催化师有效刺激和引导大家进入犀利的状态。可以通过案主根据自己的犀利感受给予提问者奖品来确定犀利的标准等手段来引导大家。

22. 杨三角

杨三角理论由中欧商学院教授杨国安发明。该理论认为一个组织的成功，光有好的战略或方向是远远不够的，还需要强大的组织能力来支撑。"如果说企业在创业初期客户是第一位，在创业中期速度是第一位，那么当企业进入发展时期，组织能力就是它要解决的关键问题。"

组织能力是一个团队（不管是10人、100人还是100万人）所发挥的整体战斗力，是一个团队（或组织）竞争力的DNA，是一个团队在某些方面能够明显超越竞争对手、为客户创造价值的能力。打造组织能力需要三根支柱：员工能力、员工思维和员工治理（见图12-27）。杨三角中的三根支柱是有顺序之别的。

第一根必须是员工能力，即员工必须具备相关的能力或潜在技能。如组织能力被定义为追求低成本能力的组织，则要求员工具有很强的成本节约意识及执行力等。

在找到具备能力的员工后，企业就需要第二根支柱——员工思维来发挥作用了。员工有成就组织力的能力不代表会自觉自愿地去做，因此，企业需要用核心价值观、企业文化以及由此衍生的一些手段去引导员工，让员工每天工作中关心、追求和重视的事情与公司所需的能力匹配。

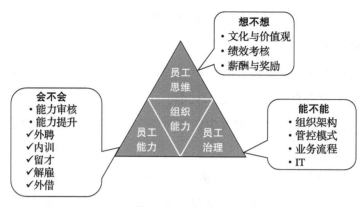

图 12-27　杨三角

员工有能力并且也愿意做了之后,接下来就是搭平台,也就是第三根支柱——员工治理。在这个环节,企业必须考虑如何设计组织架构和如何授权以充分整合资源、流程及系统等。

企业要想成功地打造组织能力,杨三角中的这三个支柱缺一不可。三根支柱的打造必须符合两个原则:一是平衡,就是三根支柱一样长,没有短板;二是匹配,这三根支柱都必须与所需的组织能力协调一致。

23. 金鱼缸

金鱼缸是团队学习的一种方式,通常与犀利提问结合使用。团队成员围成内外两个圆圈(见图 12-28),内圈学员依次发言,外圈学员观察内圈对应学员倾听及提问的情况。当内圈学员完成犀利提问环节后,外圈学员陈述观察到的客观现象,内圈学员得到反馈后反思自己的倾听及提问

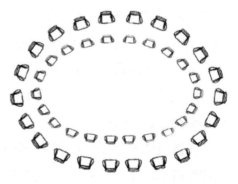

图 12-28　金鱼缸

技巧。然后内外圈互换，重复前面的流程。这个工具既锻炼学员的倾听和提问技巧，又使学员通过他人的反馈得到自己的行为映射，是一种解决问题及自我认知的方法。

24. 雷达图

雷达图（见图 12-29）是指从同一点开始的轴上，表示多个定量或变量数据的图形方法。雷达图可以同时展示多个指标，从而判断值同一对象指标间的强弱或不同对象相同指标的对比，例如可用于比较企业与竞争对手或对标对象在主要指标上的差异，是将差异形象化差异分析的工具。

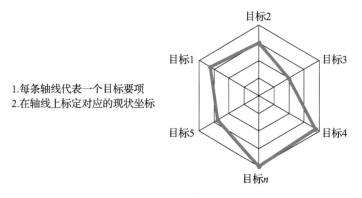

图 12-29　雷达图

25. 乔哈里窗

这个理论最初是由乔瑟夫和哈里在 20 世纪 50 年代提出的。它将人际沟通的信息比作一个窗子，这个窗子被分为四个区域（见图 12-30）：开放区、隐秘区、盲区、未知区，人的有效沟通就是这四个区域的有机融合。

好处：非常简单但又非常逻辑化地呈现自己的内心世界。

注意事项：首先我们要判断和明确每个区域的开放面积大小，然后要区别对待。在团队学习法研讨中，我们要主动袒露自己的隐秘区，打开自己，这样更容易获得伙伴的信任，也更易获得他们后续的支持；之后，我们要在他人的帮助下，寻找自己的盲区，携手共同探索未知区。这样我们的开放区面积就会非常大。坦荡开放的管理者更容易获得他人的信任和追随，更容易带领他人实现目标。

	自己知道	自己不知道
他人知道	开放区	盲区
他人不知道	隐秘区	未知区

图 12-30　乔哈里窗

26. 5W2H 分析法

5W2H 分析法又叫七问分析法，用五个以 W 开头的英语单词和两个以 H 开头的英语单词进行设问，发现解决问题的线索，进行设计构思。此方法很简单、方便，易于使用，富有启发意义，广泛用于企业管理和技术活动，对于决策和执行性的活动措施也非常有帮助。

（1）WHAT——是什么？目的是什么？做什么工作？

（2）WHY——为什么要做？可不可以不做？有没有替代方案？

（3）WHO——由谁来做？

（4）WHEN——什么时间做？什么时机最适宜？

（5）WHERE——在哪里做？

（6）HOW——怎么做？如何实施？方法是什么？

（7）HOW MUCH——多少？做到什么程度？数量如何？质量水平如何？

研讨会所需准备的物料

研讨会所需准备的物料清单如表 12-1 所示。

表 12-1　研讨会所需准备的物料清单

	物品	规格
必备		
1	胸卡、挂绳	
2	职务贴（角色贴）	可根据研讨主题需要进行调整： 组长、催化师、发言人、计时员、书记员、经典语录、朗读者、组秘等
3	停机坪	置放手机的地方，建议一组一个
4	白板笔	3 色，每组人手一支，同时差开颜色
5	白板纸	一组 10～20 张
6	引导布	每组一块，240mm×150mm
7	喷胶	3M，75 号
8	美纹纸	贴引导布或 A5 纸
9	A5 纸	一组一色，每人 25 张
10	彩点贴	一组一色
11	PASS 贴	通关笑脸贴，发给总教练或组教练
12	桌牌	小组及学员
13	电脑	PPT、背景音乐
14	翻页器	一个
15	倒计时器	一个
16	奖杯／证书	团队、个人
备用物资		
17	A4 纸	按需而定
18	剪刀、订书器	按需而定
19	电池	按需而定
20	油性笔	备用蓝色、黑色

（续）

	物品	规格
21	3M 记事贴	一组一包，100 张
22	热身活动	根据热身活动准备相应物资
会议室物资		
23	白板架	一组一个
24	手麦	不少于 2 个
25	领麦	1 个

会场布置方式

团队学习研讨会更强调团队在开放平等的环境下进行，所以场地布置与一般的会议不同，如图 12-31 所示。

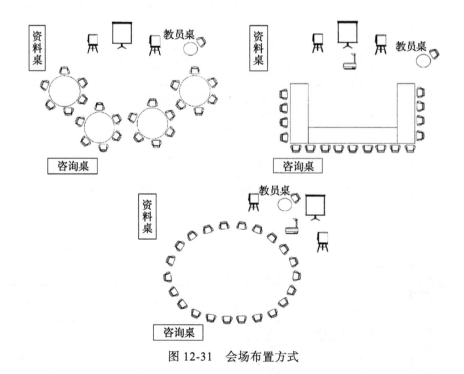

图 12-31　会场布置方式

最新版
"日本经营之圣"稻盛和夫经营学系列
任正非、张瑞敏、孙正义、俞敏洪、陈春花、杨国安 联袂推荐

序号	书号	书名	作者
1	9787111635574	干法	【日】稻盛和夫
2	9787111590095	干法（口袋版）	【日】稻盛和夫
3	9787111599531	干法（图解版）	【日】稻盛和夫
4	9787111498247	干法（精装）	【日】稻盛和夫
5	9787111470250	领导者的资质	【日】稻盛和夫
6	9787111634386	领导者的资质（口袋版）	【日】稻盛和夫
7	9787111502197	阿米巴经营（实战篇）	【日】森田直行
8	9787111489146	调动员工积极性的七个关键	【日】稻盛和夫
9	9787111546382	敬天爱人：从零开始的挑战	【日】稻盛和夫
10	9787111542964	匠人匠心：愚直的坚持	【日】稻盛和夫 山中伸弥
11	9787111572121	稻盛和夫谈经营：创造高收益与商业拓展	【日】稻盛和夫
12	9787111572138	稻盛和夫谈经营：人才培养与企业传承	【日】稻盛和夫
13	9787111590934	稻盛和夫经营学	【日】稻盛和夫
14	9787111631576	稻盛和夫经营学（口袋版）	【日】稻盛和夫
15	9787111596363	稻盛和夫哲学精要	【日】稻盛和夫
16	9787111593034	稻盛哲学为什么激励人：擅用脑科学，带出好团队	【日】岩崎一郎
17	9787111510215	拯救人类的哲学	【日】稻盛和夫 梅原猛
18	9787111642619	六项精进实践	【日】村田忠嗣
19	9787111616856	经营十二条实践	【日】村田忠嗣
20	9787111679622	会计七原则实践	【日】村田忠嗣
21	9787111666547	信任员工：用爱经营，构筑信赖的伙伴关系	【日】宫田博文
22	9787111639992	与万物共生：低碳社会的发展观	【日】稻盛和夫
23	9787111660767	与自然和谐：低碳社会的环境观	【日】稻盛和夫
24	9787111705710	稻盛和夫如是说	【日】稻盛和夫
25	9787111718208	哲学之刀：稻盛和夫笔下的"新日本 新经营"	【日】稻盛和夫

包子堂系列丛书

十年磨一剑，颠覆科特勒营销思想
从大量销售方式，到深度分销方式，未来属于社区商务方式……

书号	书名	定价	作者
978-7-111-59485-7	企业的本质	59.00	包政
978-7-111-59495-6	管理的本质	59.00	包政
978-7-111-50032-2	营销的本质	49.00	包政
978-7-111-50235-7	社区商务方式：小米全景案例	49.00	张兴旺
978-7-111-50160-2	社区商务方式：B2B企业案例	49.00	李序蒙
978-7-111-50603-4	深度分销方式	49.00	王霆 张文锋
978-7-111-50604-1	社区商务方式：传统企业互联网转型案例	49.00	张林先 张兴旺
978-7-111-50045-2	大量销售方式	49.00	张林先
978-7-111-50479-5	社区商务方式：丰田全景案例	49.00	郭威